JN174838

青年期の運動行動を規定する要因とメンタルヘルスとの関係

清 水 安 夫 著

風 間 書 房

ま え が き

　厚生労働省（2011）の調査報告によると，日本全国で精神疾患を理由に，医療機関での受診をしている患者数は 323 万人であり，近年，大幅に増加する傾向が見られると言う。この数値は，生活習慣病の中で最も患者数の多い糖尿病（約 237 万人）やガン（約 152 万人）を大きく上回る数値である。診断された精神疾患の内訳を見てみると，多い順から，うつ病，統合失調症，不安障害，認知症などとなっており，特にうつ病と認知症が著しく増加していることが報告されている。そのため，厚生労働省（2011）が，ガン，脳卒中，急性心筋梗塞，糖尿病の 4 大疾病に，新たに精神疾患を加えて，5 大疾病とする方針を固めたことは良く知られるところである。これは，職場でのうつ病の増加，高齢化に伴う認知症の増加，年間 3 万人に上る自殺者の約 90 ％が何らかの精神疾患に罹患していた可能性があるという症例報告などから，精神疾患が日本国民の健康にとって深く関わる疾患であり，将来の医療計画において，重点的な対策を検討する必要があるという判断が為されたことを理由としている。

　現在，精神疾患と同様に，日本人の健康問題と深く関わっているのが生活習慣病である。食事や運動，ストレス，喫煙，飲酒などの生活習慣が発症および進行に深く関与している疾病を総称したものであり，糖尿病，高血圧症，脂質異常症，肥満，心臓病，脳卒中などが具体的な病名として挙げられることは周知の通りである。特に，現代の日本では，脳卒中や心筋梗塞などの循環器系の疾患とガンの割合が多いことが知られている。国民生活基礎調査（2007）によると，わが国の高齢化社会における 65 歳以上の死亡原因の 57.4 ％（ガン：28.5 ％，心臓疾患：16.7 ％，脳血管疾患：12.2 ％）を占めており，65 歳以上を対象とした要介護の原因となる疾病の 21.5 ％が脳血管疾患（参

考までに，認知症：14.4 %，高齢による衰弱 14.3 %，関節疾患：12.4 %，転倒・骨折：9.8 %）であることから，死亡に直接影響する疾患の予防，自立した健康寿命の延伸および高齢期の QOL の向上のためには，生活習慣病の予防を図ることが最重要課題となっている。そのため，「健康日本 21」（少子・高齢社会を健康で活力あるものにするために生活習慣病などを予防し，壮年期死亡の減少，健康寿命の延伸等を目標とする 21 世紀における国民健康づくり運動の指針）では，国民一人一人が正しい知識を持ち，自らが自覚した上で，自らの意志で生活習慣における行動の変容を成し遂げなければ，効果を上げることはできないことが提唱されている（健康日本 21 推進全国連絡協議会，2001）。

　この「健康日本 21」では，上記の精神疾患および生活習慣病の予防・改善につながる共通の要因として，「運動」や「身体活動」を 1 つのキーワードとして挙げており，「運動習慣の獲得」や「身体活動の増加」に対する具体的な目標数値を策定している。一方，文部科学省（2013）の調査報告によると，現代の日本人の運動量・身体活動量は，近年，著しく低下する傾向にあり，例えば，1 週間の総運動量の時間数が 60 分未満という小学生は 21.0 %，中学生は 29.9 % にも上ることが示されている。また，大学生にいたっては，運動をほとんど実施していない大学生は，男性で 37.2 %，女性で 60.3 % であるとの報告もある（白川ら，2013）。さらに，運動習慣と体力との関係も明確に示されており，青年期以降，どの年代においても，運動の実施頻度が高いほど，体力テストの合計得点も高く，逆に，運動実施頻度が低いほど，体力テストの合計得点が低いことが示されている（文部科学省，2013）。

　このような運動と体力，または運動習慣と健康状態などを調査する運動疫学的な研究は，アメリカでは，かなり以前より実施されている。例えば，Harvard University が 1960 年代から 1990 年代において実施した，Harvard Alumni Health Study では，卒業生を 27 年間に渡って追跡した疫学調査において，身体活動量の多い者の方が低い者よりも，心臓疾患や糖尿病の発症

率が低いことや，うつ病への罹患率が低いことを示している。また，同大学が行なった，看護師を対象とした身体活動量とうつ病のコホート調査においても，身体活動量の多い看護師が，うつ病の発症が低いと言う結果が示されている（Lucas et al. 2011）。わが国においては，九州大学が長期にわたり実施している福岡県の久山町研究において，30年間の疫学調査にもとづき，運動や食事が認知症の発症に与える影響を報告している。その中では，運動の実施が，全認知症の発症リスクを20％低下させ，アルツハイマー型認知症にいたっては，40％も発症リスクが低下するとの報告が為されている。

　これらの研究成果を鑑みると，現代の日本人にとって，運動量や身体活動量を増加させるということは，精神疾患や生活習慣病の予防や改善において，最も手短な要件となることが容易に想像される。世界の多くの先進国が同様の健康問題を抱える中，公共政策的なアプローチ（例えば，ヨーロッパ諸国が導入しているジャンクフード税，酒類やタバコ，自動車への大幅な課税政策）やや環境的なアプローチ（オランダやデンマークが推進しているサイクリング・ロードの敷設・整備など，アメリカのエコロジカル・モデルを応用した環境整備にもとづく行動の誘導・誘発を意図した街づくりなど）に加え，行動科学的なアプローチ（Theory of Planned Behavior, Trans-theoretical Model, Health Action Process Approach Model などの行動変容理論を用いた個人の認知に直接的に働きかける方法）による対応が推進されて来ている。

　そこで，本書では，これら諸外国で実際に取り組まれている政策や制度を背景に，さらに心理学的な行動変容理論にもとづき，大学生の運動行動の促進およびメンタルヘルス改善を意図したモデルの構築を行うことを目的とした。さらに，大学生を対象に，大学体育で実践的に取り組むことのできる教育モデルを検討することを意図している。とりわけ，青年期に獲得された行動習慣は，中高年以降における行動習慣の形成に大きくつながることから，学校教育の中で，どのような行動変容を意図した体育授業が行なわれるかは，近い将来に社会の中核を担う人材の健康問題に直結すると考えられる。

とりわけ，運動習慣については，上手に習慣化することができれば，健康リスクの回避や健康寿命の延伸に対して，低コストで高ベネフィットが期待される。そのような研究成果を期待して，本書における研究は進められた。特に，大学体育の教育現場で授業を展開している筆者は，多くの同業者である小・中・高校・大学で体育指導をされている先生方に，児童・生徒・学生の将来の健康を意図した行動変容理論にもとづく体育授業の実践を行っていただきたいとの願いを持って，本書を執筆するに至ったことを汲み取っていただければ嬉しく思う。

2015 年 12 月　国際基督教大学にて

清水安夫

目　　次

第1章：身体活動と健康との関係

1-1：現代の日本人の健康問題と身体活動

　日本における医療費は年々増加しており，国家財政における経済的負担は増加の一途を辿っている（多田羅，2001）。このような財政状況の中，死因別死亡率の約6割が生活習慣病を原因としており，また，年間の医療費の約3割を生活習慣病の治療費が占有している（厚生労働省，2005）。そのため，疾病による死亡・罹患・生活習慣上の危険因子など，健康に関わる具体的な目標を設定し，健康寿命の延伸及びQOLの向上を図るためのガイドラインである「健康日本21」が策定された（多田羅，2001）。この健康日本21では，「身体活動」や「運動」を生活習慣の基本的要素として取り上げ，慢性疾患の予防あるいは改善だけでなく，健康の維持・増進やQOLの向上にも直接的に影響する要因として捉えている。さらに，1日の歩数の増加による健康の維持・増進を目指し，成人の場合，男性は9200歩，女性は8300歩という具体的な身体活動の推奨基準を設定している。

　しかし，運動習慣が「維持期（健康維持・増進のための運動を1週間に合計60分間以上行っている）」にある成人の割合は，男性で約15.2%，女性で約12.0%と低く，特に20代（男性14.5%，女性9.3%），30代（男性12.3%，女性10.0%），40代（男性12.8%，女性10.7%）と比較的若い年齢層での低い傾向が続いている。一方，「無関心期（運動を実行していないし，実行しようとも考えていない）」の成人の割合は，男性29.5%，女性26.9%で，「関心期（実行しようと思うが実行していない）」を加えると，男性58.3%，女性57.6%を占めている（多田羅，2001）。また，健康・栄養情報研究会（2006）の調査報告に

よると，中高年者（40歳—74歳）でメタボリックシンドロームが強く疑われる者の割合は，男性 24.4 %，女性 12.1 %であり，予備群は，男性 27.1 %，女性 8.2 %であった。同様に，身体活動量の低下に伴う生活習慣病の増加が深刻な社会問題となっている，欧米の先進諸外国では，身体活動プロモーションの体系化及び理論化による社会的な取り組みが行われている（長ヶ原，2003）。そのため，我が国においても身体活動・運動行動の発現及び促進など，行動変容を可能とする心理的な規定要因を明確化し，エビデンスに基づく活動的なライフスタイルの確立を目指すことは，公衆衛生的にも意義があるとの見解が示されている（岡，2003）。

1-2：身体活動の増進による健康問題の改善

　近年，生活習慣病の発症予防や治療の観点から，身体活動や運動の有効性についての報告が行われている。例えば，厚生労働省（2006）の「運動施策の推進」によると，悪性新生物（ガン），心疾患，脳血管疾患の三大疾患に加え，それらのリスクファクターである高血圧症，肥満，高脂血症，糖尿病などの生活習慣病は，身体活動量や運動量を増加させることにより，予防効果が期待できることが報告されている。同様に，高い身体活動及び高い体力水準を維持していることが，生活習慣関連疾患の有病率，ガンや心疾患死亡率の抑制に有効であることが報告されている（澤田，2002：健康科学研究会，1999）。現在，これらの研究報告は，公衆衛生学的な観点から，日常生活における身体活動量を増加させることの必要性を強く示唆しているものと捉えられている。

　一方で，運動や身体活動は，運動不足に起因する種々の関連疾患の予防だけにとどまらず，現在では，ストレスの解消やメンタルヘルスの改善など，心理的な効果があることにも着目されている。例えば，身体活動と心理的健康の関連性を検討した横断的研究によると，被験者となった企業の従業員の

場合，運動習慣のある者は，運動習慣の無い者と比較して，気分プロフィール検査（Profile of Mood States：POMS）の「活気」の得点が有意に高く，反対に，他のネガティブな感情尺度得点が低いことが示された（下光，1994）。また，川上他（1987）による，日本人の成人を対象とした研究においても，良く運動をしている者ほど，抑うつ度の得点が低いことが報告されている。さらに，タイプA行動パターンであると判断された健常者を対象に実施した調査では，運動習慣がある場合には，たとえタイプA行動パターンを持っていても，過度なストレス反応を示さないため，運動習慣が心理的ストレス反応を抑制していると結論づけている（竹中他，2001；竹中，2003）。さらに，中学生と高校生を対象とした研究においても，運動部やスポーツクラブに所属している者の方が，所属していない者と比較して，概してメンタルヘルスが好ましい状態にあることが示されている（渡壁他，2000）。

　このような横断的研究に加え，準実験や介入を用いた縦断的な研究においても，運動や身体活動の心理的側面への効果が数多く報告されている。とりわけ，運動は，不安を低減する方法として有効であることが知られており，リラクセーションや瞑想（メディテーション）等と同様に，状態不安を低減させる効果を有している（Petruzzelo et al., 1991）。また，定期的な運動や身体活動は，不安状態の改善以外にも，不安神経症の改善，軽度のうつ病の改善，重度うつ病の治療の補助的効果，ストレス指標の改善，情緒の安定効果などが期待されるとの報告もある（熊谷他，2003）。運動を介入手段とした先行研究では，大学生アスリートを対象とした60分の運動（Hale, 2002）や，成人男女を対象とした20分間のエルゴメーターエクササイズ（Raglin & Wilson, 1996），成人男女を対象とした5マイルのランニング（O'Connor et al., 1991）などがあり，これらすべての研究において，状態不安の低減に有効であったことが実証されている。また，中高齢者を対象にした介入研究においても，低強度の運動実施後には，運動前と比較して気分が向上するという結果（加藤他，2006）や，水中運動の実施により，POMSのネガティブな感情

4

得点が軽減され，活力・活気の得点が向上する結果が示されている（渡辺他，2001）。

　特に，高齢社会が急速に進行する我が国において，中高齢者の身体活動量を増加させることは，健康で充実した生活を営む上で，重要な手段の一つである（長ヶ原，2003）。近年，我が国における医療費の増大化や長期入院の主な原因として，筋力や体力低下に伴う転倒による骨折があげられる（折茂，1994）。特に，下肢の骨折の場合は，入院をきっかけとして，さらに身体活動量が減少することにより，身体的機能の低下を誘発し，回復後も通常の生活活動が困難になることから，寝たきりになるケースが増加している（折茂，1994）。また，運動や身体活動量が不足すると，老化に伴う認知的機能の低下を促進させ，痴呆症や認知症を誘発させるなど，介護の必要性が高まる危険性もある（飯塚，2005）。このような身体的機能や認知的機能の低下を未然に予防し，医療費の削減や入院期間の短縮化や介護予防を目指す意味でも，中高齢者だけでなく，中高齢者になる以前の青少年の段階において，身体活動量を効果的に増進させるための運動習慣の獲得に関する取り組みが重要である（樋口他，2003）。

　近年では，高齢者の疾病を予防し，寿命を延ばすことを中心とした「長寿」の延伸だけではなく，健康で自立した生活期間を延長するという，いわゆる「健康寿命」の延伸が提唱されている（久保田他，2004）。その中でも，運動や身体活動は，生き方の質を向上させ，生活をより有意義なものにするための一助として，その重要性が強調されている（谷口他，1990）。つまり，単に平均寿命を延ばすのではなく，「健康寿命」を延伸し，日常生活での身体的な自立機能やメンタルヘルスを良好に保ち，生活の質（Quality of Life：QOL）を維持することが，現在の健康の目標であり，その QOL を維持・増進させるための一つの手段として，運動やスポーツ活動が有効であると考えられている（安永・青柳，2006；猪俣，2001；前田他，2002）。

1-3：大学生の身体活動量と行動変容理論

　近年，日本における大学生の身体活動量の低下も指摘されており，橋場
（2002）の調査結果によると，学生の身体活動量の低下に伴い，筋力も低下
していることが報告されている。また，鈴井（1994）や花輪（1995）は，大
学生の日常生活場面における身体活動量に伴う心拍数変化の追跡調査を行っ
た結果，呼吸循環器系の機能維持・改善に必要とされる身体活動による刺激
の基準値に到達するレベルの運動を実施している大学生はいなかったと結論
づけている。さらに，吉田（2010）は，新体力テストを用いた 1997 年から
10 年間に渡る縦断的調査から，大学生の体力水準の低下を報告している。
これらの結果は，文部科学省（2010）による，青少年の体力低下に関する報
告や，厚生労働省（2011）による，成人の身体活動時間の低下の調査結果に
も現れている。青年期の身体活動や健康習慣は，成人後の身体活動や健康習
慣に影響を与えるため（Boreham & Riddoch, 2001），中高年以降の QOL を保
持するためにも，青年期のうちに運動習慣を獲得すること，また，日常生活
における身体活動量を増加させることが必要であることから，大学生に対し
ても保健体育の授業を通して，知識，態度および行動への働きかけを行うこ
とが重要であるとの認識が高まっている。その結果を裏づけるように，
1991 年の大学設置基準大綱化以降，1998 年には 45.8% まで落ち込んでいた
大学体育の必修化は，2005 年には 71 ％にまで回復している。このような大
学の取り組みの背景には，大学生の運動不足や健康習慣の獲得に加え，コ
ミュニケーション能力の低い学生が増加した問題もあり，「身体だけでなく
心の健康づくり」にも体育の特性を役立てようという大学側の期待もある。

　このような社会的な現状を鑑み，身体活動・運動行動の促進に関して，行
動科学的理論や行動変容モデルに基づく，様々な研究が行われてきた。大学
体育の授業内においても，これら行動科学の理論を応用し，大学生の身体活
動量の増加を意図した介入プログラムを展開する試みなどが実践されている

（木内他，2005）。特に，生活習慣における行動の変化には，認知行動的な介入が有効であり，Bandura（1977）の社会的学習理論を基本とした技法が多く用いられている（竹中，2000）。この社会的学習理論では，行動変容の先行要因である予期機能として，セルフ・エフィカシーが重要視されており（Bandura, 1997a；Bandura, 1997b；Schwarzer, 1992），運動行動や身体活動に関するセルフ・エフィカシーを測定するための心理尺度の開発が行われてきた（Sallis et al., 1988；岡，2003）。また，ヘルスプロモーションを意図した健康行動の領域では，合理的行為理論（Theory of Reasoned Action：以後 TRA と略，Fishbein & Ajzen, 1975）や計画的行動理論（Theory of Planned Behavior：以後 TPB と略，Ajzen, 1985）による知見が多く，我が国においても，橋本（2002），北島・橋本（2003），橋本（2004）による TRA や TPB をモデルとした，身体活動や運動行動の心理的規定要因の検討が行われている。TRA 及び TPB のモデルでは，態度（Attitude），主観的規範（Subjective Norm）は共有の構成概念であり，TPB においては，行動の統制感（Control）が加わり，どちらも行動意図（Intension）を介して行動（Behavior）への影響性を検討している。

　しかし，対象者の持つ文化的な背景や発達段階上の相違により，各変数の影響性には，違いがあることも報告されている。例えば，Hausenblas et al.（1997）や Kraft et al.（2005）の研究では，行動意図（Intention）を介して行動（Behavior）の規定要因となる3つの変数（Attitude, Subjective Norm, Control）において，統計的に有意な影響性を示すものと示さないものがあったため，すべての変数が必ずしも行動を規定する予測変数とはならないことを述べている。また，Martin & Kulinna（2004）の研究では，「セルフ・エフィカシー」と「態度」の2変数が，他の変数と比較した場合，運動行動の規定要因として，高い説明率を有していたことを報告している。

　これらの先行研究では，幅広い年齢層や様々な文化的な背景を持つ被験者を対象にして，運動行動を促進させるための心理的な要因の検討を行ってい

る。そこで，今後，運動行動の促進化を図るための介入プログラムを実施する際には，対象者に合わせた心理的な要因を探索的に抽出し，プログラムを推進する上で応用する必要がある。つまり，心理的な要因を変数化し，効果の測定を可能とした上でプログラムを展開させることにより，より良い成果を得られることが期待される。

1-4：大学生のメンタルヘルス

　近年，大学生のメンタルヘルスに関わる問題が深刻化しており，特に，心理的・社会的な不適応問題の顕在化と，休学，退学，長期留年，不登校などの増加との関連性が指摘されている（平野，2005）。文部科学省（2006）が，2005 年度に実施した，全国の国公私立大学 626 校を対象とした大規模調査によると，その内の 65.4 ％の大学が，過去 5 年間と比較して，学生相談件数の増加，課外活動の不活発化，学生の無気力化，対人関係の回避傾向，集団への嫌悪感の増加傾向など，大学生のメンタルヘルスの悪化の要因とも直接的または間接的に関係している各種測定評価値での増加する状況を報告している。また，文部科学省（2009）の統計によると，2002 年度の全国の大学における休学生数は，22,244 人であったのに対して，2009 年度には 24,362 人となり，この 7 年間で約 2,000 人の増加が報告されている。このような状況について，平野（2005）は，大学生の学校生活における心理的・社会的な不適応問題が，直接的に，大学生の休学，退学，長期留年，不登校問題の増加と関わりがあるとの指摘をしている。

　一宮他（2003）は，1989 年から 2002 年にかけて，大学新入生を対象とした 14 年間に渡る縦断的な研究から，心理・身体・社会性に関わる質問項目を中心に，経時的変化の調査結果をまとめている。その結果，1994 年から 1995 年に掛けて，「対人緊張」「友人づくりができない孤独感」「朝の疲労感」「イライラ感」の 4 項目において，得点が増加する傾向を見出し，幼少期に

における「室内遊びの増加」「テレビゲームの影響」との関連性を指摘している（一宮他，2003）。同様に，文部科学省（2006）や中央教育審議会（2008）の報告では，現代の大学生は，人間関係の希薄化やコミュニケーション・スキルの低下などの社会的な要因を背景として，集団における孤独感や疎外感を強く感じる傾向にあり，対人ストレスへの耐性が低く，人間関系でのつまずきを起因とした心の問題を増加させていることを指摘している。

　具体的に，文部科学省（2006）がまとめた，学生相談に関する詳細な状況報告書を見てみると，相談内容の多くは，「友人関係」，「人間関係上のストレス」，「人間関係の希薄化」，「コミュニケーション能力の欠如」などであり，相談内容の中心は，対人関係の問題であることが示唆されている。これらの背景には，現代の大学生の対人関係の複雑化や自己実現に伴う葛藤の増加など，青年期特有の心理・社会的ストレスが関連していることが示唆されており（荒井・竹中・岡，2003），大学生特有の心身の問題を引き起こしている。このように，大学生活への適応に困難を抱える学生が増加し，集団生活や対人関係の問題など，心理的不適応を起因とした問題は，今後とも深刻化することが予測されている（山田・天野，2002）。

　こうした大学生の社会集団への心理的適応に配慮する必要性が高まる中，そのような状況に対応するために，学生相談室やカウンセリング・ルームといった学生相談のための専門機関を設置する大学が増加している（文部科学省，2006；山田・天野，2002）。また，中央教育審議会大学分科会（2009）では，多種多様な学生が交流しながら学ぶ場であるキャンパスにおいて，部活動等の正課外教育，学修支援，学生相談など大学に求められている機能と，その機能を果たすための施設との連携の必要性について提言している。具体的には，図書館，課外教育施設，コミュニケーションスペース等の施設整備や拡充化を推進し，学生に対する支援策を継続的・体系的に行う仕組みを構築し，大学内における教育の質的向上を実現化する定性的な基準の設定，学生支援を担当する教職員や多様な専門家を活用した組織づくりが必要である

との指摘をしている。その中には，学生生活上で支援を必要とする学生に対し，仲間である学生同士で気軽に相談に応じ，手助けを行うピア・サポートや教員が予め指定した日時，場所に在室し，学生が授業や進路などについて相談を行うことのできるオフィス・アワーの制度も含んでいる。

　このような対応を大学が迫られている背景には，学生相談機関への相談内容が，対人関係に関するものが中心であり（文部科学省，2006），他者への配慮の欠如，他者の目を気にしない，対人関係に無関心であることを起因とした問題が中心となっているからである（橋本，2000）。特に，現代の大学生の友人関係の特質として，内面的な関わりを避け，友人関係が希薄化する傾向にあり，自己を表出できずに気疲れしていることが指摘されている（中園・野島，2003）。また，加藤（2006）による先行研究では，青年期の大学生にとって，対人関係の問題は，最も遭遇頻度の高いストレスフルな状況であるため，対人関係を円滑にすることが出来ない状況下では，日常的な不適応問題を引き起こす可能性が高くなると考えられている。同様に，児玉（2005）は，児童期の発達過程において「群れる体験」の欠如している現代の大学生は，集団の中で生き辛さを感じており，傷つくことを恐れて人間関係を円滑に構築することが出来ないと精神医学者の観点から分析している。さらに，その改善策として，開発的教育の導入や体験的学習の機会を増加させることの有効性について提言している。

1-5：大学体育の心理的効果

　現在，日本全国の多くの大学が，ゆとり教育や大学全入時代の弊害に困惑する中，各大学は，独自の対応策として，授業内外における様々な取り組みを開始している。その中でも，特に，体育科目やスポーツ実技の科目においては，少人数制での身体活動を伴う体験型の教育実践が可能なことから，健康管理，気分・感情のコントロール，仲間づくりなどの社会的適応性を高め

るための取り組みが行われて来ている。

現在まで，体育科の授業による介入効果を検証した研究として，気分・感情の変容（蓑内，2009），対人認知の変容（渋倉・小泉，2003），コミュニケーションの促進（清水，2003），健康習慣の獲得（木内他，2008）など，体育授業における心理学的・行動科学的な介入プログラムの有効性が報告されている。また，運動や身体活動が心理的な効用をもたらし，気分・感情のコントロールや改善（蓑内，2009；荒井他，2006），メンタルヘルスの向上（小田切，2009；小田切，2010；橋本他，2009）に有効な手段であることに着目した，健康心理学的研究や行動医学的な研究が推進されている。

特に，有酸素系の運動がポジティブに気分・感情を変容させ（荒井，2010；荒井・竹中，2010），ストレッサーの認知やストレス反応を低減させる（橋本，1990；橋本他，1991）ことから，運動や身体活動のメンタルヘルスへの有効性が示されている。しかし，アメリカにおける先行研究によると，青年期の対象者の身体活動量は，15-18歳をピークに減少し（Caspersen et al., 2000），さらに，高校卒業時から大学入学時にかけて，強いインパクトの身体活動量が急激に低下することが指摘されている（Bray et al., 2004）。そのために，大学生を対象とした身体活動量の増加を意図したプログラム（Project Graduate Ready for Activity Daily：GRAD）の開発・推進などが行われている。日本においても，木内他（2008），木内他（2009）による First-Year Physical Education（FYPE）の取り組みが行われており，初年時教育の概念を基にした体育科教育における健康増進・身体活動量促進の実践が図られている。

一方，初年次教育の概念では，大学での「学習への適応」はもとより，対人関係を主とした「社会適応」を促進させることも重要な使命と捉えている。このような社会的な現況下において，ストレスフルな状態に陥っても，自己のストレスを適切にコントロールできるようになることは，青年期における社会化のための重要な発達課題でもある（山中，2008）。そのために，現

在，小中高および大学教育の各段階においても，心理教育的（psycho-educa-tional：サイコ・エデュケーショナル）な取り組みが行われるようになった。その中でも，学校教育の中において，予防的な心理的実践教育を行う試みとして，ストレスマネジメントが挙げられる（山中，2008）。ストレスマネジメントとは，「今後，遭遇するかもしれない危機的状況に対して，よりよく対処できるようにストレス耐性を高め，ストレスに対する自己管理を効果的に行うことを目的とし，また，生起しているストレス反応を軽減し，あるいはストレス反応の生起に対する抵抗力の増加を目的とした実践的介入を行なうこと」と定義されている（竹中・福井，1994）。現在，ストレスマネジメントは，ストレス関連疾患などへの予防策としての効果が期待されているだけでなく，ストレスの起こる経過などに対して，本人の気づきを高めることによる有益性についても報告されている（竹中，1999）。

　このように，予防的な発想を基に発達してきたストレスマネジメントであるが，その介入方法の一つとして，運動・スポーツが挙げられている（山中，2008）。とりわけ，有酸素運動は，不安，抑うつ気分，ストレスの解消，また，気分の高揚や活性化などに有効であることが知られている。また，ストレスの生理的指標となっている血中や唾液中のコルチゾールの濃度が，有酸素運動後には有意に減少することから，生理学的にもストレス低減効果が実証されている。そのため，有酸素運動は，健康的なライフスタイルを確立する上では，欠くことができないストレスマネジメントの一つの手段であると捉えられている（山中，2008）。

　とりわけ，学校教育における体育科の授業は，ストレスマネジメントを推進する上での利便性があり，ストレス関連疾患の予防や治療教育としての効果も期待されている（北島，1995）。しかし，体育の授業内で推進するストレスマネジメントを意図した教育活動は，今後，ストレスに関連する様々な要因や心理的ストレス過程の特徴に基づいて，展開の方法や教育内容を検討する必要がある。特に，体育授業内において，運動やスポーツへの肯定的な態

度を育て，ストレス対処能力を身に付けさせることが，その効果を高める上では重要だと考えられている（佐々木，2008）。つまり，体育の授業を通して，大学生が運動の効果をより高く認知することが，ストレス反応を低減する上では効果的なことが予測される。そのため，体育の指導者は，心理的指標によるアセスメントに基づく参加者の心理的な状況を理解した上で授業目標を設定し，対象とする集団や個々人の状況に応じた体育の授業を展開することが，体育授業内におけるストレスマネジメントを効果的に推進する上では必要である。

1-6：大学体育における心理教育の取り組み

　大学生の対人関係を起因とする様々な問題が顕在化する現況下において，その対応策の一つとして，大学体育の授業実践における開発的な教育方法論の検討が行われている（清水・児玉，2001）。適応促進を主題とした取り組みにおいては，教育内容のパラダイムシフトが課題となっており，例えば，文部省青少年教育課（1996）においても，学校における学習や生活を通して，仲間とともに課題を達成して行く体験により，積極性や主体性を発揮できるような教育方法の推進を奨励して来た経緯がある。同様に，児玉（1998）は，精神医学者の立場から，青年期の心理的・行動的問題に対して，医学的な治療を行う前に，教育の中での作用において解決を図るべき点が多いことを説いており，開発的な体験学習の重要性及びサイコ・エデュケーショナルな教育方法の推進の必要性について言及している。特に，体育の授業で行う集団スポーツ活動には，成員間の相互作用の機会が豊富にあり，スポーツ活動を通してのピア・サポートの機会が提供されることが想定される。その結果として，ソーシャルサポート源の獲得につながり，不適応行動の予防および改善が可能であるとの報告も行われている（渋倉・小泉，2003）。

　最近では，大学体育における具体的な取り組みによって，心理的な変容効

果を実証的に検証する研究が行われるようになった。その中でも，杉山（2008）は，体育の授業を通じて，コミュニケーション・スキル向上のプロセスの解明を目的とした研究を行い，スポーツ活動場面におけるコミュニケーション・スキルの向上を報告している。同様に，石倉（2001）は，大学のゴルフの授業で調査を行い，受講者の情緒的感受性をはじめとする，非言語的情報を解読するスキルが向上したことを明らかにしている。また，木内他（2006）は，大学一年生の日常生活における身体活動量の増強を目的に，「身体活動ピラミッドの概念を行動変容技法とともに学習・実践する健康教育プログラム」を大学体育授業内および日常生活の中でホームワーク（宿題）として実施した。その結果，健康教育プログラムを受講している介入群の身体活動量は，非介入群との比較において，介入後に有意に増加したことを明らかにしている。さらに，徳永他（2004）は，身体活動の増加による健康度や生活スキル，修学状況の向上との関連性にも言及しており，大学生の運動による身体活動量の増加が，日常生活における生活習慣や学習活動の改善にも影響していることを示し，大学体育の健康教育としての影響性が広域化して行く可能性を示唆している。

　現在，大学体育の取り組みは，ただ単に身体を動かす時間と環境を設けるだけではなく，他者とのコミュニケーション・スキルや日常の生活スキルの向上を目当てとした授業の展開も推進されており，従来型の体力増強および技能向上を目的とした体育科の授業からのパラダイムシフトが起きている。また，田中他（2010）は，近年の大学生のスポーツに対する意識構造は，男女共に主として「情緒をともなった社会性因子」と「社会性の見られる情緒性因子」から成る社会性因子と，「積極的な身体性因子」と「健康に配慮した身体性因子」から成る身体性因子から構成されていると報告しており，大学生は自分自身の身体的健康とリンクさせた上で，体育を学ぶ意義と必要性を理解していると結論づけている。

　大学体育において，このような様々な授業における取り組みが行われてい

る中，現在の学校教育における人間関係を起因とするさまざまな問題への具体的対応策として，構成的グループ・エンカウンター（Structured Group En-counter：以下，SGEと略）による取り組みが実践されている（清水，2003）。SGEは，サイコ・エデュケーショナル（心理教育的）な体験学習課題を通じて，仲間同士のリレーションや自己理解，他者理解を深めるだけではなく，人間としての自分の在り方を学ぶものである（國分，2006：國分・片野，2001）。四杉他（2003）は，教育現場においてSGEを実施した結果，SGE実施後に友人同士のサポートが向上し，心理的ストレスや不適応感が軽減したことを報告している。さらに，清水（2003）は，大学生に対してSGEを応用した体育授業を展開し，グループ内のコミュニケーションの深化や，メンバーの自己開示性の向上，ソーシャルサポート源の増加によるメンタルヘルスの改善が認められたことを報告している。そのため，現在，SGEは，教育活動の中において，アクティブ・ラーニングの一形態として体育科目以外の各種の授業にも応用されている。

1-7：身体活動と健康に関する研究の問題点と課題

　現在に至るまで，健康の維持および増進に関する問題とリンクした，運動行動や身体活動量促進を意図した，心理的な規定要因の探索的な研究が行われて来た。しかし，従来の研究では，運動行動や身体活動に特化した測定指標の開発が行われているため，スポーツ現場や体育の授業現場など，フィールドでの調査を中心に想定して作成されて来た経緯がある。そのために，簡便に短時間で測定を可能とすることを意図しているため，少数の項目での構成を余儀なくされていた。一方で，短縮化を意図した心理尺度には，多面的に測定するという点においての欠点があることが否めない。また，運動行動や身体活動に関する測定指標の場合，対象者の年齢の違いによる社会的環境の相違や体力の差をはじめとして，身体的な特徴に伴う相違が大きく影響す

ることから，対象者の発達段階別による心理尺度の作成および検討が必要である。そのために，多くの先行研究では，対象者の年齢の幅を絞る傾向が強く，また，狭い年齢層での尺度開発が一般的となっている。

　例えば，日本語版の運動セルフ・エフィカシー尺度（岡，2003）は，中高齢者を対象に尺度開発を行っており，質問紙への回答に慣れていない高齢者にも容易に回答が可能なように，1因子4項目構造で構成されている。その一方で，測定の利便性と相反して，多次元的な測定という観点においては限界があり，他の世代の被験者を対象とした場合など，対応できない項目となる可能性が示唆されている。また，計画的行動理論などに応用されている，Ajzen & Madden（1986），橋本（2004），Martin & Kulinna（2004）などの「運動行動に対する態度尺度」では，二対の反意を示す形容詞（不快：unpleasant—快適：pleasant，有害：harmful—利益：beneficial, etc）にて質問項目を構成する SD 法を採用しているため，一定の因子構造を持つ尺度構成とはなっていないため，他の尺度と併用して比較検討を行う際には，多変量解析への導入が困難になるなど，分析上の問題点が残されていた。さらに，下光他（1999），Myers et al.（1997），Marcus et al.（1992），Nishida et al.（2003），Nishida et al.（2004）の身体活動における心理的な促進要因及び阻害要因に関する先行研究では，中高齢者を対象とした研究であるため，若年者のアセスメントに必要な要因と異なる質問項目の内容性が認められるなど，年齢に応じた質問項目を設定する必要性が懸案事項となっていた。

　また，先行研究における測定項目の問題点としては，項目の測定主旨を心理的な内容に絞る傾向にあり，心理的要因の検討を課題としている場合が多い。現在，人間の行動様式を規定する要因の検討を行う際には，心理的要因に加え，環境的要因や社会的要因を含んだ測定を行うことにより，新たな知見が生まれる場合がある。例えば，体育実技を担当している多くの教員は，体育活動の教育現場での経験を通して，体育館における床の張り替えや冷暖房の設置，グラウンドの人工芝生化，ロッカールームのリニューアル化，教

具の入れ替えや新しい教具の導入（軟度が高くて痛くないボール，軽量化された
ラケット，フィット感やグリップ感の高いボール）により，参加学生の授業への
意欲や態度，取り組む姿勢や動機づけが変わることを実感している。また，
体育の授業を通して，気の合う仲間を見つけるなど，学生同士で楽しみを共
有する機会になること，仲間からの応援や声援がやる気を出させ，ゲームの
勝敗への執着心を高めるようになることなど，授業での指導を通して様々な
要因が教育に効果をもたらすことについて経験的に熟知している。そのた
め，運動の実施に必要な施設や道具をはじめ，仲間との社交の機会や社会的
な支援が，運動行動を促進するための環境的要因及び社会的要因として重要
であることが推察される。

　さらに，従来の研究では，運動行動の増進によるメンタルヘルスの改善性
についての言及はあるが，メンタルヘルスを従属変数とし，運動行動を促進
させる心理・社会・環境的な規定要因を独立変数として分析を行っている研
究は国内では見られず，MacAuley, et al.（2006）による精神的健康，身体
的健康，QOL を従属変数とし，セルフ・エフィカシーを独立変数とした研
究が僅かに見られるくらいである。特に，我が国においては，身体活動や運
動に関するセルフ・エフィカシー，運動に対する態度尺度，身体活動の促進
要因・阻害要因等の心理的規定要因が，身体活動の活動段階別（TTM のス
テージ別の比較検討がほとんど）による比較検討を行うところで完結してしまっ
ており，メンタルヘルス関連の指標を従属変数とした研究は見られない。

　そのため，これらの先行研究の問題点を新たに検討し，運動行動を促進さ
せるために必要な要因を探索的に検討することは，今後，運動やスポーツの
指導を行う者にとっては，有効であると考えられる。特に，我が国の 18 歳
人口の約 60 ％が進学する大学・短期大学の高等教育機関における体育科教
育は，運動習慣を獲得することにより，成人後の中高齢期の生活をアクティ
ブ・ライフに変容させる可能性を持つ最終ステージとなる。中年期以降の生
活習慣病の予防，高齢期の介護予防，QOL の高い生活の延伸という観点か

ら，大学教育における体育科によるアプローチは，生涯教育を推進する上で，今後，さらに重要性が増すことが考えられる。そのため，体育科の授業内において，教員が授業前のアセスメントにより，参加する学生のニーズによるグルーピング（セグメント化）を可能にするための指標の開発は，教員が参加者に対する個人的なアプローチ方法を検討する上で有効である。また，実技を伴わない講義科目を中心とした授業においても，運動行動に関するアセスメント結果のフィードバックは，個人の身体活動や運動への意識を強化することによる行動変容の手段となり，授業での学習を日常生活レベルで活かす可能性を高めることが想定される。

1-8：本書の目的と概要

本研究では，大学生の身体活動及び運動行動の促進に関する心理的・社会的・環境的な規定要因を包括的に探索し，大学体育における効果的な介入方法を検討することを目的としている。また，現代の大学生の身体活動量低下問題，身体活動量低下に伴うメンタルヘルスの悪化問題を改善するため，どのようなアプローチ方法が有効であるかを検討した。

現在の大学生は，幼少期から室内でのIT機器を使ってのゲーム遊びを習慣化させており，また，社会全体における情報通信機器や交通手段の発達に伴う生活スタイルの変化など，生育環境の影響によって身体活動量の低下が引き起こされていることが，多くの先行研究からも指摘されている。そのような大学生の生活スタイルにおいて，学生たちを取り巻く心理・社会・環境的な諸要因が，どのように直接的・間接的に大学生の身体活動に影響しているのか，行動モデルを用いて説明を試みることは，今後，体育・スポーツ・レクリエーションの指導者が，プログラムを実施する上で有益であると考える。

そこで，本研究では，特に大学体育での授業実践においての活用を意図し

た，身体活動や運動行動の規定要因を測定するための尺度の作成を試みた。さらに，横断的な研究により，心理・社会・環境の諸要因と運動行動との関係性を示すモデルの構築と運動行動を媒介変数としたメンタルヘルス・モデルの構築を行った。具体的には，第2章において，「身体活動セルフ・エフィカシー尺度」及び「運動に対する態度尺度」の開発を行い，第3章において，「身体活動セルフ・エフィカシー尺度」及び「運動に対する態度尺度」と「運動行動」との関係性についての検討を行った。また，第4章では，大学生を対象とした「運動行動促進規定要因尺度」及び「運動行動阻害規定要因尺度」の開発を行い，第5章において，「運動行動促進規定要因尺度」及び「運動行動阻害規定要因尺度」を規定要因とし，第2章で作成した「身体活動セルフ・エフィカシー尺度」を媒介変数とし，メンタルヘルスを従属変数とした運動行動メンタルヘルス・モデルの検討を行った。

　さらに，実際に授業実践による効果的な介入方法を検討するために，第6章では，大学体育に特化した心理的な効用性を探索するための「大学体育授業用効用認知尺度」および「大学体育授業用ストレス反応尺度」を作成した。さらに，両尺度の関係性を分析することにより，大学体育の指導者が授業において留意すべき点について検討した。また，第7章では，準実験的な手法を用いて，大学体育における講義科目の役割と実技科目の役割を検討するための授業実践による，心理的な変容を検討した。

　最後に，第8章において，本研究において開発を行った各種の測定尺度とモデルの応用性，そして大学体育の授業場面においての分析結果をもとに，今後の体育・スポーツ科学における心理学的な研究に関する展望について検討した。

1-9：本書の構成図

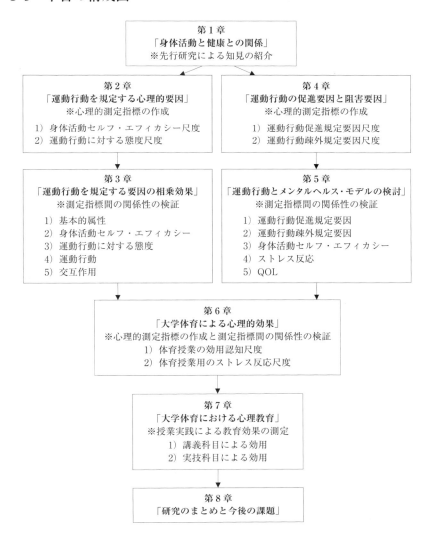

1-10：本研究書における研究概念のモデル

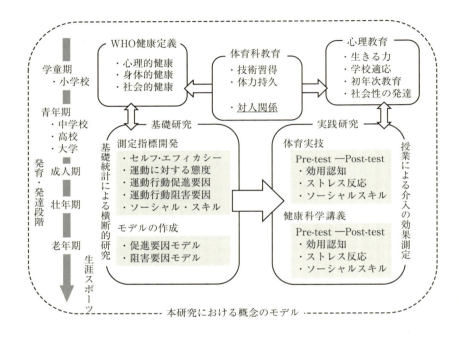

─────── 本研究における概念のモデル ───────

＜本研究書を構成する内容を記述した各章と論文が掲載されている学会誌の情報＞
第2章および第3章
　　日本行動科学学会誌　「行動科学（2012），**50**（2），pp. 85-100」
第4章および第5章
　　日本学校メンタルヘルス学会誌　「学校メンタルヘルス（2011），**14**（1），pp. 21-36」
第6章
　　神奈川体育学会誌　「体育研究（2012），**45**，pp. 9-15」
第7章
　　全国大学体育連合学会誌　「大学体育学（2012），**9**，pp. 23-41」

第2章：運動行動を規定する心理的要因

2-1：セルフ・エフィカシーと態度を測定する指標

　学校体育や各種スポーツクラブ等において，運動行動の促進化を図るための介入プログラムを実施する際には，対象者に合わせた心理的な要因を探索的に抽出する必要がある。変数化された心理的要因による効果の測定を行いながらプログラムを推進することにより，より良い成果を得られることが期待される。特に，Martin & Kulinna（2004）は，体育の授業内での運動指導において，運動行動の促進を図る場合，体育の指導者が対象者の心理的側面に比較的容易にアプローチすることが可能である，「態度」と「セルフ・エフィカシー」の2つの変数の有効性について言及している。そこで，本研究では，これらの2つの心理的変数が，相互に目的変数である「身体活動」の規定要因となる可能性について検討を行った。

　第2章の具体的な目的は，「身体活動に関するセルフ・エフィカシー」及び「運動に対する態度」を測定する尺度の開発である。2つの尺度を開発するに当たり，各尺度の信頼性，構成概念妥当性の検討を行った。これは，第3章の研究で行う「身体活動セルフ・エフィカシー尺度」及び「運動に対する態度尺度」の2つの尺度の各下位因子が身体活動指標への規定要因となるかの検討において，尺度の信頼性及び妥当性の検証が必要だからである。なお，本研究では，近い将来，壮年期を迎える発達段階にあり，個人の健康行動に関して，体育科教育を通して変容の可能性を有することが推測される大学生を調査対象者とした。

2-2：研究の目的

　第2章の目的は，大学生版の「身体活動セルフ・エフィカシー尺度（Self-Efficacy for Physical Activity on University Students：以後，SEPAUS と略）」及び「運動に対する態度尺度（Exercise Attitude Scale for University Students：以後，EASUS と略）」を開発し，尺度の信頼性及び妥当性を検証することである。

2-3：研究の方法

1）調査対象

　調査への回答に対して同意を得られた，都内 A 大学に在籍する1—4年生の合計 1272 名を対象に，集合調査法による質問紙調査を行った。調査の際には倫理的な配慮として，個人の特定や研究以外にデータを活用はしないこと，入力後にはすべての質問紙を廃棄することを口頭及びフェイスシートにて説明を行った。回収した質問紙は，記入の漏れや記入ミスのある回答を除外し，1218 名（男性 336 名，女性 882 名，平均年齢 18.92 歳，$SD = 1.75$：有効回答率 95.75%）の回答を分析対象とした。さらに，test-retest 法による安定性の検討を行うために，学籍番号を記述した上での回答に同意を得られた 731 名（男性 385 名，女性 346 名，平均年齢 19.63，$SD = 1.42$）を対象に，約2ヶ月の間隔を開けて，再度，同じ質問紙による調査を行った。調査の際には，個人を特定することは一切ないこと，守秘義務を徹底し，研究のみに活用することをフェイスシート上に記し，口頭でも説明を行った。

2）調査期間

　質問紙による調査は，2005 年 9 月下旬から 11 月上旬にかけて実施した。

3）調査内容

（1）個人の属性

フェイスシートにて，性別・年齢・学年・運動歴等の対象者の基本的属性に関する質問を記述式にて回答を求めた。

（2）大学生版身体活動セルフ・エフィカシー尺度（SEPAUS）

SEPAUS を作成するために，先行研究において作成された国内外の身体活動に関するセルフ・エフィカシー尺度の項目の検討を行った。国内の先行研究では，子ども用身体活動セルフ・エフィカシー尺度（上地他，2002），運動セルフ・エフィカシー尺度（岡，2003）を参考にした。また，国外の研究からは，Self-Efficacy for Exercise Behaviors（Sallis et al., 1988），Self-Efficacy Exercise Behavior Scale（Marcus et al., 1993），Self-Efficacy for Exercise（Resnick & Jenkins, 2000）の各項目を参考にした。また，大学生 150 名を対象に，「日常生活における代表的な身体活動」及び「運動や身体活動時に感じること，身体活動を維持・増進する上で感じること」について，自由記述式で回答を求め，その結果を KJ 法にて検討を行った。

質問項目の文章を作成する際には，Bandura（1997a, 1997b），Schwarzer（1992）の作成手法（原文は英語表記）に従い，「私は」という主語を明確化した上で，反意を含む条件下「…にも関わらず，…であっても」において「…ができる」という可能性を含む文章にて構成した。また，対象者の回答への負担軽減及び解釈の多義性を避けるために，可能な限り短く，ネガティブな条件下にあることを示す反意語を付け，項目の文章を構成するように配慮した。

質問項目の選定及び作成する際には，参考とした先行研究をもとに領域を設定したところ，概ね「意図的に行う運動やスポーツに関するもの」，「日常生活における歩行などの身体活動に関するもの」，そして，「運動行動や身体活動を支える心理的な内容に関するもの」とに分けることが出来た。これら

の想定された領域内容をもとに，質問項目の選定を行ったところ，最終的に「運動行動」，「日常生活における身体活動」，「運動・身体活動を維持・増進させるために必要な心理的な要因」の3領域各5項目の合計15項目としてまとめることが出来た。

(3) 大学生版運動に対する態度尺度（EASUS）

EASUS の項目を選定するために，Ajzen & Madden（1986），橋本（2004），Martin & Kulinna（2004）において活用されている運動行動に関する態度尺度項目の検討を行った。しかし，計画的行動理論（TPB）で多く用いられている態度尺度は，二対の反意を示す形容詞（不快：unpleasant—快適：pleasant，有害：harmful—利益：beneficial, etc）で項目構成を行う SD 法を採用している。そのため，本研究では，複数の質問項目により構成され，対象者が多面的に評価することを可能とし，複数の因子構造を持ったリッカート尺度の作成を試みた。本尺度の構成に当たっては，先行研究における二律背反する形容詞（7種類14語）を用いた評価法を，肯定的な語彙（good, pleasant, beneficial, useful, enjoyable, healthy, important）のみを採用することとした。石井他（1987）は，運動に対する態度とは，「運動経験を通して形成される楽しさや喜び，運動への価値意識，運動への志向性や行動などの反応傾向であり，個人が運動をどのように感じ，どのように判断し，どのように行動するかを決定する傾向」であると定義している。そのため，EASUS を構成する項目を設定する上においても，肯定的な内容を示す項目のみで構成する方が相応しいと想定され，また，対象者の回答時の判断ミスや，分析の際に得点を反転化させる等の煩雑な作業を排除することが可能となり，人為的なミスの軽減にもつながることが推察された。そこで，大学生150名を対象に，「運動をすることによって得られる恩恵」について，自由記述式の回答を求め，KJ 法を用いて項目の検討を行った。なお，質問項目の選定においては，他の尺度と併用を意図していることから，単純明快な文章及び少

ない質問項目数での構成を意図した。その結果，最終的に，2領域各6項目の合計12項目を選定した。

　なお，両尺度とも，項目の選定に当たっては，スポーツ心理学を専門とする研究者2名及び大学院生3名の協力の下に行った。なお，対象者の回答への評定は，「まったくそう思わない（得点1）」―「かなりそう思う（得点5）」の5件法にて実施した。

4）分析方法

（1）標本の妥当性の検討

　探索的因子分析を行うに当たり，標本の妥当性は，Kaiser-Meyer-Olkin（KMO）測度とBartlett test of sphericity（Bartlettの球面性検定：BS）を用いて検討した。

（2）項目の抽出及び内的整合性・妥当性の検討

　SEPAUS及びEASUSの因子構造の検討に当たっては，最尤法・Promax回転による探索的因子分析を実施した。また，各因子の内的整合性の検討は，内的整合性の指標であるCronbach's α 係数の算出及び約2ヶ月の期間を隔てた後にtest-retest法を行い，再検査信頼性による安定性を求めた。

　さらに，妥当性の検討は，最尤法による検証的因子分析にて，構成概念妥当性の検討を行った。また，併存的妥当性を検証するために，SEPAUSの3下位尺度及びEASUSの2下位尺度の合計得点を従属変数とし，Prochaska & Marcus（1995）のトランスセオレティカル・モデル（Transtheoretical Model：以後，TTMと略）における行動変容ステージの5段階を独立変数とした1要因5水準の分散分析を行った。TTMにおける運動行動の変容ステージの5段階評定は，岡（2003）が作成した尺度を活用した。

2-4：結果と考察

1）標本の妥当性の検討

標本の妥当性の検討を行うために，KMO 測度と BS を求めた結果，SE-PAUS 及び EASUS の両尺度とも，統計的基準を満たす値を示した（SE-PAUS：$KMO = 0.892$, $BS = 8683.80$, $p<0.001$, EASUS：$KMO = 0.86$, $BS = 8103.19$, $p<0.001$）。KMO の値の判定は，0.8 以上はかなり良いと判断され（Kaiser & Rice, 1974），BS は χ^2 値が有意である時，因子間の相関が低いことを意味し，抽出された因子モデルが適用されると考えられているため（Bartlett, 1950），本研究における標本の妥当性が検証されたと判断した。

2）SEPAUS 及び EASUS の因子構造

探索的因子分析（最尤法・Promax 回転）の結果，SEPAUS は 3 因子各 5 項目の計 15 項目が抽出された。抽出された 3 因子，因子負荷量，固有値，因子間相関と各項目については Table 1 に示した。

第 1 因子は，身体活動を支える心理的な要因を共通に含むことから，体力・気力を示すセルフ・エフィカシーであると判断し，「体力・気力（Physical & Psychological Strength：以後，PPS と略）」，第 2 因子は，運動行動を共通要素として含む因子であることから，「運動行動（Exercise Behavior：以後，EB と略）」，第 3 因子は，日常的な身体行動を共通要素として含む因子であることから，「日常活動（Physical Activities for Daily Life：以後，PADL と略）」と命名した。

同様に探索的因子分析（最尤法・Promax 回転）の結果，EASUS 全 12 項目より，因子負荷量が基準値として設定した 0.4 以下であった 2 項目及び複数の因子に負荷する 2 項目の計 4 項目を削除し，2 因子各 4 項目の計 8 項目が抽出された。抽出された 2 因子，固有値，因子負荷量，因子間相関と各項目については Table 2 に示した。

Table 1　The result of factor analysis for SEPAUS.
(Maximum likelihood method with Promax rotation)

Factors and items	F1	F2	F3	h²
Factor 1，体力・気力				
(Physical and Psychological Strength：PPS)				
私は，疲れていても，気力をふりしぼることができる	.818	-.005	-.011	.656
私は，きつくても，気力・体力を維持することができる	.809	.052	-.031	.687
私は，肉体的に苦しくても，ガマンすることができる	.772	.008	.008	.609
私は，精神的につらくても，耐えることができる	.686	-.076	.051	.443
私は，苦しくても，体力をつけるための努力ができる	.668	.134	-.012	.567
Factor 2，運動行動				
(Exercise Behavior：EB)				
私は，あまり気分がのらない時でも，運動することができる	-.078	.902	-.035	.717
私は，少し疲れている時でも，運動することができる	-.035	.835	.052	.689
私は，忙しくて時間がない時でも，運動することができる	.094	.694	-.126	.525
私は，あまり天気がよくない時でも，運動することができる	.046	.522	.065	.331
私は，休暇（休日）中でも，運動することができる	.084	.490	.089	.339
Factor 3，日常活動				
(Physical Activities for Daily Life：PADL)				
私は，疲れていても，通勤・通学や買い物等に必要な歩行ができる	-.081	.007	.737	.501
私は，きつくても，通勤・通学の移動時には立っていることができる	.048	-.003	.708	.531
私は，面倒でも，洗車や荷物運びなどの日常生活に必要な身体的活動ができる	.065	.043	.672	.516
私は，面倒でも，エスカレーター，エレベーターを使用せずに階段の登り降りができる	.019	.010	.670	.464
私は，気がのらなくても，掃除・洗濯などの作業をすることができる	-.016	-.041	.582	.320
Eigen-values	5.67	2.24	1.36	

		F1	F2	F3
Inter-factor correlations	F1		.618	.434
	F2			.296
	F3			

　第 1 因子は，運動に対する感じ方や感じ取る心の働きを示し，運動への意識や感覚など，行動自体に価値や興味を見出す内容を共通に含むことから，「運動の興味・価値（Exercise Interest and Value：以後，EIV と略）」，第 2 因子は，運動行動を遂行することから得られる成果や期待など，気分や感情面の効用性を共通要素として含むことから，「運動の期待・効用（Exercise Expec-

28

Table 2　The result of factor analysis for EASUS.
（Maximum likelihood method with Promax rotation）

	Factor loading matrix		
Factor and items	F1	F1	h²
Factor 1，運動の興味・価値			
（Exercise Interest and Value：EIV）			
運動に興味がある	.991	-.049	.921
運動に関心がある	.983	-.039	.917
運動には価値がある	.746	.104	.669
運動をすることには意味がある	.656	.137	.568
Factor 2，運動の期待・効用			
（Exercise Expectancy and Effectiveness：EEE）			
運動をすると楽しくなる	-.024	.887	.761
運動をするとやる気が出る	.016	.867	.769
運動をすると気分が良くなる	.018	.552	.318
運動をすると満足感がある	.255	.501	.483
Eigen-values	4.905	1.072	
Inter-factor correlations F1		.657	
F2			

tancy and Effectiveness：以後，EEE と略）」と命名した。

　EASUS を構成する項目については，運動に対する否定的な要素を含む項目を削除し，すべて肯定的な内容での構成を試みた。これは，Ajzen & Madden（1986），橋本（2004），Martin & Kulinna（2004）などの先行研究において活用されている，二律背反の形容詞を用いた SD 法ではなく，一定の因子構造を持ち，多変量解析等の様々な統計的な分析の活用を可能とすることを意図した結果である。また，肯定的表現と否定的表現とが混在し，回答時における判断ミスの発生や解釈を困難にすることの予防としての配慮であった。その一方で，「運動はつらく苦しい」「汗をかくこと自体が気持ち悪い」「運動するとかえって体調が悪くなる」というような，運動による否定的な態度要因を考慮しないまま，分析結果の解釈を行うため，自ずとその解釈には限界が生じる結果となった。今後は，否定的な要素を含めた上で，

EASUS の項目設定の再検討を行う必要がある。

3) SEPAUS 及び EASUS の内的整合性の検討

　SEPAUS 及び EASUS の内的整合性を検討するために，Cronbach's α 係数を求めたところ，SEPAUS は 0.80—0.87，EASUS は 0.86—0.94 と比較的高い水準の指数を示したため，開発された尺度の内的整合性が確認できたと判断した（Table 3）。さらに，約 2 ヶ月間を隔てた後，test-retest 法による安定性を検証するために，Peason の積率相関係数を算出したところ，SE-PAUS（r=0.58—0.68, p<0.01），EASUS（r=0.65—0.73, p<0.01）という有意な相関係数を示した（Table 3）。これらの結果は，Sallis et al.（1988）や上地他（2002）における尺度開発研究の結果とほぼ同等の数値であり，比較的高水準の相関係数を示したことから，SEPAUS 及び EASUS の各因子における安定性が確認できたと判断した。

4) 妥当性の検討

　SEPAUS の探索的因子分析の結果をもとに，3 因子 15 項目を仮説モデルとして，検証的因子分析による構成概念妥当性の検討を行った。その結果，それぞれ仮定した潜在変数から観測変数へのパス係数は，いずれも十分な値

Table 3 Alpha reliabilities and test-retest reliabilities of SEPAUS and EASUS.

	Alpha coefficient（α）	Test-retest coefficient 係（r）
SEPAUS		
F1.　体力・気力（PPS）	0.87	0.68**
F2.　運動行動（EB）	0.84	0.67**
F3.　日常活動（PADL）	0.80	0.58**
EUSUS		
F1.　運動の興味・価値（EIV）	0.94	0.73**
F2.　運動の期待・効用（EEE）	0.86	0.65**

**p<0.01

注 1)　内的一貫性：n = 1218，再検査信頼性：n = 731

であり (0.56―0.84)，全て統計的に有意であった ($p<0.001$)。また，モデルの適合度は，$GFI = 0.929$，$AGFI = 0.902$，$CFI = 0.932$，$RMSEA = 0.072$ であり，統計学的な基準値を満たす適合度指数を示した。

　また，併存的妥当性を検討するために，TTM における行動変容ステージの 5 段階を独立変数とした 1 要因 5 水準の分散分析を行った (Table 4)。これは，岡 (2003) や Nishida et al. (2004) が TTM における行動変容ステージの 5 段階に準拠し，運動行動の予測を目的とした認知的指標を開発する際に，妥当性検証の基準として使用している手法である。そのため，本研究においても，併存的妥当性を検討する手法として採用した。

　一元配置分散分析の結果，SEPAUS について，行動変容段階の主効果が認められ (F (4, 1182) = 36.72, $p<0.001$)，ステージが上がるに従って SEPAUS の平均得点も上昇するという予測された結果となった。各ステージの N 数及び平均得点・標準偏差及び分散分析の結果は，Table 4 に示した。また，Bonferroni 法による多重比較の結果，「無関心ステージ (PC)」は他の 4 群に比べて有意に低く ($p<0.05$)，「維持ステージ (M)」は，他の 4 群に

Table 4　The results of one-way ANOVA for SEPAUS and EASUS among five exercise stages.

Factor	\multicolumn{5}{c}{Stage of Change for Physical Activities}	F value	Multiple comparison
	PC	C	PR	A	M		
SEPAUS	(N = 117)	(N = 488)	(N = 297)	(N = 83)	(N = 202)		
Mean	$M = 53.89$	$M = 57.23$	$M = 58.57$	$M = 59.49$	$M = 64.51$	36.72***	PC<C, PR, A, M
SD	$SD = 8.49$	$SD = 8.82$	$SD = 7.89$	$SD = 8.28$	$SD = 8.68$		PC, C, PR, A<M
EASUS	(N = 120)	(N = 491)	(N = 302)	(N = 81)	(N = 207)		
Mean	M = 28.39,	M = 34.54,	M = 34.71,	M = 36.89,	M = 37.77,	75.82***	PC<C, PR, A, M
SD	$SD = 5.98$	$SD = 4.94$	$SD = 4.98$	$SD = 4.37$	$SD = 3.66$		C < PR, A, M
							PR < A, M

注1)　Bonferroni 法による下位検定の有意差はすべて $p<0.05$ 　　　　　　　 ***$p<0.001$

注2)　PC：Pre-contemplation（無関心ステージ），C：Contemplation（関心ステージ），
　　　PR：Preparation（準備ステージ），A：Action（実行ステージ），M：Maintenance（維持ステージ）

比べて有意に高いという結果であった（$p<0.05$）。このように，「関心ステージ（C）」「準備ステージ（PR）」「実行ステージ（A）」の各ステージ間には，統計的に有意な差は検証されなかった。しかし，岡（2003）の先行研究においても，「C」と「PR」の間には有意な差は認められず，Nishida et al.（2004）の先行研究においては，「A」と「M」とを統合して分析を行った後も，「PC」と「C」との間には，有意な差は認められなかった。同様に，SE-PAUS における各ステージ間の下位因子得点の差は，この分析結果を見る限り明確な差は認められなかった。そのため，併存的妥当性の証明とまでには至らないが，一定のステージごとの有意差に加え，後方のステージへの移動と伴に，得点が増加する傾向が確認出来た。

　同様に，EASUS においても，探索的因子分析の結果をもとに，2 因子 8 項目を仮説モデルとして，検証的因子分析による構成概念妥当性の検討を行った。その結果，それぞれ仮定した潜在変数から観測変数へのパス係数は，いずれも十分な値であり（0.50—0.96），全て統計的に有意であった（$p<0.001$）。また，モデルの適合度は，$GFI = 0.958$，$AGFI = 0.899$，$CFI = 0.974$，$RMSEA = 0.107$ であった。

　また，併存的妥当性を検証するために，2 下位因子の合計得点を従属変数とし，TTM の 5 段階を独立変数とした 1 要因 5 水準の分散分析を行った結果，行動変容段階の主効果が認められ（$F_{(4, 1193)} = 75.82$，$p<0.001$），ステージが上がるごとに，EASUS の平均得点も上昇するという結果が認められた。各ステージの N 数，平均得点・標準偏差及び分散分析の結果は，Table 4 に示した。また，Bonferroni 法による多重比較の結果，「PC」は他の 4 群に比べて有意に低く，「C」は「PR」「A」「M」よりも，「PR」は「A」「M」よりも有意に低い結果であった。しかし，「PR」と「A」との間，「A」と「M」との間には，有意な差は認められなかった。

　これらの分析の結果から，SEPAUS に関しては，尺度の内的整合性，安定性，構成概念妥当性は，概ね適合範囲内にあると判断された。しかし，

EASUS に関しては，AGFI が 0.9 以下であり，RMSEA が 0.1 を越えている点など，構成概念妥当性に関しては，必ずしもモデルの適合性の良さを示すことは出来なかった。ただし，GFI と CFI の 2 領域においては，どちらも 0.9 を越えていること，AGFI は 0.899 であり，モデルの適合性を示す基準値の 0.9 に近接している数値を示した。また，豊田・真柳（2001）は，共分散構造分析に際に用いる適合度指標は，観測変数の数や自由度と密接に関係していることについて言及している。豊田（2003）によると，RMESA の場合，自由度が小さい場合は数値が大きくなり，その結果としてモデルの当てはまりが低下する特徴を持つことを示している。例えば，小田（2000）は，探索的因子分析の結果得られたモデルを，共分散構造分析により検証したところ，$RMSEA = 0.117$ という数値が得られたが，他領域の指標（$RMR = 0.034$，$AGFI = 0.930$，$NFI = 0.895$）が良好であることから，モデルの適合性は良好であると判断している。そのため，本研究における検証的因子分析の結果（$\chi^2 = 350.107$，$[df = 19]$，$p < 0.001$）からも，自由度が比較的小さいため，RMSEA の適合度が低下したことが推察された。そのため，ステップワイズ因子分析による項目数の削減化を図り，適合度指数の向上を検討した。しかし，項目数の削減化により，因子を構成する際の意味的要素が薄れてしまうこと，1 因子あたりの項目数は，信頼性及び適合性の観点から見ても 4 項目以上で構成する方が望ましいとする研究報告（Jackson & Marsh, 1996）を考慮し，2 因子各 4 項目での構成が適当であると考えた。さらに，併存的妥当性の観点から，EASUS の運動行動ステージの各段階において，有意な差が生じていることから，本尺度の併存的妥当性は許容範囲内であるものと考えた。

2-5：まとめ

本研究の結果，一定の内的整合性及び妥当性を兼ね備えた SEPAUS 及び

EASUS が開発された。岡安他（1993）は，尺度に含まれる項目数が多い場合，回答者の負担が増加するためにデータに偏向が生じる原因となることを指摘している。その点からも，SEPAUS 及び EASUS とも項目数が少なく，回答者の負担及びデータの偏向性の回避につながる可能性が示唆された。また，利便性の高い尺度を構成する際に理想とされる，1因子を4項目で構成（Jackson & Marsh, 1996）という基準に近い項目数に揃えることが出来た。さらに，各因子の内的整合性を示す α 係数は，各因子に含まれる項目数に影響されることから，質問紙を構成する各因子の内的整合性を正確に比較できるよう，各因子を構成する項目数を等しくすることが，Terry et al.（1999）によって推奨されているが，SEPAUS 及び EUSUS とも各因子の項目数を等しくすることに成功した。

　本研究において開発を行った SEPAUS の特徴として，運動行動と日常生活上の身体活動という，異なる活動レベルでのセルフ・エフィカシーを測定可能としている点が挙げられる。つまり，低い水準から高い水準と，幅広い身体活動を有する対象者を調査する場合においても，活用が可能であることが推察された。また，EASUS の作成に当たっては，2因子構造のリッカート・タイプの尺度化に成功し，既存の一対の形容詞句による SD 法の態度尺度と異なり，分析上の応用性が見込まれる。しかし，尺度を構成する上で，運動への否定的な態度を示す項目を除外したため，自ずと尺度の解釈には限界がある。今後は，否定的な態度要素と肯定的な態度要素を合わせた尺度項目での構成を検討し，さらに，他の心理的指標と合わせた運動行動モデルの作成を検討したいと考える。また，本研究におけるデータのサンプル数は，1218名（男性336名，女性882名）とサイズは大きいものの，1つの大学の学生からのサンプリングであった。そのため，学生の生活圏が一定の範囲内であり，また，学習環境や生活環境も比較的類似している可能性があり，結果の解釈には限界がある。この点からも，今後は，分析結果に偏向が生じることがないように，地理的・環境的に異なる大学の学生からデータ・サンプリ

ングを行い，同様の結果が得られるのかを検討したいと考える。

第3章：運動行動を規定する要因の相乗効果

3-1：セルフ・エフィカシーと態度の運動行動への影響

　第3章では，第2章で開発した，大学生版の「身体活動セルフ・エフィカ
シー尺度（Self-Efficacy for Physical Activity on University Students：以後，SE-
PAUSと略）」及び「運動に対する態度尺度（Exercise Attitude Scale for Uni-
versity Students：以後，EASUSと略）」の2つの尺度を活用し，両尺度による
運動行動への規定要因性について検討を行った。これらの結果は，大学体育
において授業介入を行う際に，事前のアセスメントとしての応用性を意図し
た場合，有効な知見を示すことが考えられる。特に，身体活動セルフ・エ
フィカシー尺度には，3つの下位尺度があり，また，運動に対する態度尺度
には，2つの下位尺度がある。これらの下位尺度が相互に作用しあうことに
より，運動行動に対して，どのように影響をもたらすかを検討し，大学体育
の現場の教員が，具体的にどのようなアプローチを学生に対して行うことが
可能なのか，また，授業の展開方法を検討する上での資料とすることを意図
している。

3-2：研究の目的

　本研究の目的は，SEPAUS及びEASUSの各下位因子が，身体活動の規
定要因となり得る可能性について検討することである。また，両尺度の交互
作用を検討し，どのような心理的な条件が揃う場合に，身体活動が促進する
可能性があるのかを検討することである。

3-3：研究の方法

1) 調査対象と調査期間

　調査対象者及び調査期間，有効回答数，調査の手続きは，第2章の研究で実施したものと同一である。

2) 調査内容

　身体活動レベル測定の指標として，Kasari（1976）の The FIT（Frequency, Intensity, Time）Index（以後，FIT Index と略）を橋本（2005）が邦訳し，日本語版の身体活動指標として標準化した尺度を用いた。この指標は，定期的な運動を「頻度」（やっていない＝0点—ほぼ毎日＝5点），「強度」（低強度＝1点—高強度＝4点）及び「時間」（20分未満＝1点—90分以上＝5点）を乗算（頻度×強度×時間）することにより，身体活動得点を算出することを試みた指標である。各指標（頻度・強度・時間）の評価得点の最低得点及び最高得点を乗算した場合，理論的には0点—100点の範囲に換算されるようになっているものである。

3) 分析方法

（1）階層的重回帰分析

　SEPAUS の各3因子（「PPS」「EB」「PADL」）及び EASUS の各2因子（「EIV」「EEE」）との関連から，FIT Index への影響を検討するために，階層的重回帰分析を行った。階層的重回帰分析は因果優先（causal priority）により，先行する説明変数による重回帰分析を行い，後続する説明変数をつぎに加え，重決定係数（R^2）の増加を検定する方法である（Cohen & Cohen, 1983）。分析の際には，FIT Index を従属変数として投入し，独立変数として，第1 step には，対象者の基本的属性（性別・年齢），第2 step では SEPAUS の3因子（「PPS」「EB」「PADL」），第3 step では EASUS の2因子

（「EIV」「EEE」），第 4 step では，SEPAUS の 3 因子と EASUS の 2 因子の交互作用を検討するため，各因子を乗算（掛け算）した数値を投入した。なお，主効果の変数と交互作用の変数との相関を抑制するために，「PPS」「EB」「PADL」及び「EIV」「EEE」の各独立変数の中心化（centered score への変換）を行った（Aiken & West, 1991）。また，第 1 step の性別は，名義変数であるため，ダミー変数（男性＝0，女性＝1）に置き換えて分析を行った。なお，第 1 step—第 3 step までは強制投入法で分析を実施し，第 4 step には，投入する変数が多いことから，多重共線性（multicollinearity）の発生を回避するためにステップワイズ法を用いた（藤岡，2004）。

（2）各尺度の下位因子の交互作用の効果

　階層的重回帰分析の第 4 step—第 6 step で得られた結果をもとに，有意な交互作用が得られた「EB」×「EIV」，「PADL」×「EEE」，「PPS」×「EIV」の検討を行った。分析方法は，Aiken & West（1991）の手法に基づき，独立変数の得点に各平均値 ± 1 SD の値をそれぞれ代入し，各回帰直線を求めた。

3-4：結果と考察

　階層的重回帰分析の結果を，Table 1 に示した。なお，第 4 step は，ステップワイズ法にて実施したため，有意な交互作用が得られた結果が，第 5 step，第 6 step の結果として出力されている。

　分析の結果，すべての step（第 1 step—第 6 step）に有意な重決定係数（R^2）が得られ，すべてのモデルにおいて R^2 の変化量も 0.1%—5% 水準で有意であることから，step の数値が高いモデルの方が有効であることを示している。そのため，従属変数である FIT Index の規定要因を探る上では，決定係数（R^2）が最も高く示された第 6 step の標準偏回帰係数で解釈するのが有

Table 1 The result of hierarchical multiple regression analyses : FIT Index as a dependent variable.

		Standardized partial regression coefficient (β)					
		Step 1	Step 2	Step 3	Step 4	Step 5	Step 6
R^2		0.122***	0.229***	0.255***	0.280***	0.285***	0.287***
$\varDelta R^2$		0.122***	0.107***	0.026***	0.025***	0.005**	0.002*
Socio demography							
Gender		-0.350***	-0.277***	-0.245**	-0.236**	-0.237**	-0.234**
Age		-0.004	0.006	0.007	0.006	0.005	0.005
SEPAUS							
PPS			0.175***	0.119**	0.099*	0.107**	0.103***
EB			0.220***	0.182***	0.176***	0.177***	0.177***
PADL			-0.076*	-0.073*	-0.072*	-0.082**	-0.086**
EASUS							
EIV				0.207***	0.273***	0.284***	0.277***
EEE				-0.032	-0.016	-0.043	-0.023
Interactions							
EB × EIV					0.170***	0.208***	0.174***
PADL × EEE						-0.086***	-0.098**
PPS × EIV							0.068***

*p<0.05, **p<0.01, ***p<0.001

効であることが示された。なお，第 6 step における独立変数の従属変数への説明率は 28.7 ％であった（Table 1）。

第 1 step における重決定係数は有意であり（$R^2 = 0.122$, $p<0.001$），有意な標準偏回帰係数（$\beta = -0.35$, $p<0.001$）が得られたことから，女性の FIT Index への負の規定力が示され，女性は男性よりも身体活動量が低いことが推察された。年齢においては，有意な標準偏回帰係数は得られず，本研究における対象者（平均年齢 18.92 歳, $SD = 1.75$ 歳）においては，年齢差による身体活動量の相違は認められなかった。

第 2 step では，SEPAUS の 3 下位因子の標準偏回帰係数はすべて有意であった（「PPS」： $\beta = 0.175$, $p<0.001$，「EB」： $\beta = 0.22$, $p<0.001$，「PADL」： $\beta = -0.076$, $p<0.05$）。この結果から，「PPS」及び「EB」が，FIT Index に対し

て正の規定力を有することが推察された。しかし，「PADL」は負の標準偏回帰係数を示したため，「PADL」の内容が示す，日常生活を送る上での身体活動への自信や見込みは，FIT Index に対して負の規定力を持つことが推察された。この結果は，予測していた結果と反しており，投入された 3 つの独立変数間における多重共線性の問題及び「PADL」自体が抑制変数である可能性を考慮する必要があった。しかし，各独立変数は中心化を行っているため，独立変数間の相関関係は低下し，多重共線性の発生は抑制されている。また，第 2 step に投入された他の 2 つの独立変数との Peason の積率相関係数を算出したところ，「PADL」と「EB」との相関関係は高いとは言えず（$r = 0.26$, $p < 0.01$），また，「PADL」と「PPS」との相関関係も高いとは言えない結果（$r = 0.35$, $p < 0.01$）であった。以上の観点から，多重共線性の問題及び抑制変数としての問題が発生していることは考えにくい。さらに，「PADL」のデータ分布は，尖度（1.875）及び歪度（-1.207）であり，In'nami（2006），Kunnan（1998）が示すように，尖度及び歪度とも ± 2 を超えていなければ，正規性からそれほど外れた分布ではないということから，負の数値を示した β 係数をそのまま解釈することにした。

　上岡他（2001）の研究によると，高齢者の身体活動能力や障害の程度を測定する質問紙指標である日常生活動作（Activities of Daily Living：ADL）と身体活動量には，正の相関が見られている。そのため，本研究においても，「PADL」が「FIT Index」に対して，正の規定要因を示すと仮定していたが，結果は予想とは異なっていた。鈴井（1994），花輪（1995），橋場（2002）の研究結果が示すように，我が国における大学生の身体活動量は低下する傾向にあり，それに伴う筋力や心肺機能の低下が指摘されている。また，内閣府（2001）の調査結果が示すように，大学生の課外活動への参加率も同様に，1995 年の 49.8 ％から，2000 年には 40.8 ％へと低下しており，必然的に体育会や運動サークルへの参加率低下に伴う身体活動量の低下も推定されている。この結果は，並河（1996）による，各学校段階における運動部への所

属状況の調査においても，小学校 49.4 %，中学校 65.2 %，高校 44.6 %という所属率が，大学では 14.1 %へと急激に低下することが報告されている。つまり，過去に一定レベル以上の運動経験をしていた者が，大学入学と同時に，運動環境から離れてしまうという実情がある。これらの状況から，過去に一定以上の運動経験があり，日常生活を送る上で当然とも言える「PADL」に示される内容への自信・確信を高く持っている反面，その時点における実質的な身体活動量は低下しているため，負の標準偏回帰係数を示した可能性が示唆される。ただし，本研究における「PADL」因子による大学生の身体活動量の予測には，限界があることも否定できない。今後は，本尺度における「PADL」と日常生活動作（ADL）との比較検討，中・高年齢者を調査対象とした場合，また，質問紙法による測定指標ではなく，行動指標を活用しての検討を行う必要がある。

　第 3 step では，EASUS の 2 下位因子のうち，「EIV」の標準偏回帰係数は有意であったが（$\beta = 0.207$, $p<0.001$），「EEE」の標準偏回帰係数は有意ではなかった。そのため，身体活動指標を高めようと意図する場合，「EIV」が示す運動への興味・関心や価値観を高めるような働き掛けを行うことが有効であると推察された。一方，EEE の結果から，運動による気分や感情への効果や効用を変化させることを目的とした介入を実施しても，FIT Index の向上は見込めないという結果となった。McAuley et al.（1991）の先行研究では，内的な心理要因と運動行動とには密接な関係があり，運動行動の発現や身体活動量の促進・維持と深く関わっていることが報告されている。また，Markland & Hardy（1997），Ingledew et al.（1998）は，外的な心理要因の増加による身体活動量の増加は見込めず，褒賞や懲罰など，実行が比較的容易であると想定される外的な心理要因による働きかけでは，運動行動の発現・維持には困難があることを示している。しかし，Pelletier et al.（1995）が示唆するように，外的な心理要因も自己決定の水準が高くなることにより，行動への寄与が高まることから，必ずしも外的な心理要因を強

化して行く方法に効果が無いとは言い切れない。そのため，今後は，Self-
Determination Theory（Deci & Ryan, 1985）が示す，自己決定要因の変数と
合わせて検討する必要がある。また，「EB」と「PPS」は，「FIT Index」に
対して正の規定力を持つことから，運動プログラムの作成や運動指導の際に
は，「EB」や「PPS」の向上を意図し，同時に「EIV」を高める介入を行う
ことが有効であると推察された。しかし，「PADL」は，負の影響性を示す
結果となったため，今後，間接的な効果や異なる年齢層を対象とした詳細な
検討が必要である。

　第 4 step では，SEPAUS の 3 下位因子と EASUS の 2 下位因子の交互作
用を検討するために，各因子の乗算を 6 つの独立変数として投入した。その
結果，5 ％水準で有意である変数をモデルとして採用し，10 ％水準で有意で
ない変数は除去するという藤岡（2004）の分析手法を用いた。その結果，第
4 step での「EB」×「EIV」（β =0.17, $p<0.001$），第 5 step での「PADL」
×「EEE」（β =-0.086, $p<0.001$），第 6 step での「PPS」×「EIV」（β =
0.068, $p<0.001$）という有意な標準偏回帰係数が得られた。また，第 6 step の
結果から，「PPS」（β =0.103, $p<0.001$），「EB」（β =0.177, $p<0.001$），「PADL」
（β =-0.086, $p<0.01$），「EIV」（β =0.277, $p<0.001$）の有意な標準偏回帰係数が
得られたため，これらの変数の FIT Index への有意な規定性が確認された。

　階層的重回帰分析の結果に基づき，SEPAUS, EASUS, FIT Index の 3
尺度間の関連性を示す交互作用の様相を Fig 1—Fig 3 に示した。Fig 1 に示
すとおり，「EB」が低い場合，「EIV」が低くても高くても FIT Index に差
は無いが，「EB」が高い場合，「EIV」の高群が低群よりも FIT Index を高
く認知していることが示された。このため，「EB」が高い場合には，「EIV」
の項目内容が示すような，興味や価値が高くなるような働きかけを指導者や
周囲の者が行うことにより，対象者の FIT Index の向上が見込める可能性
が示唆された。

　一方，Fig 2 が示すように，「PADL」が低い場合，「EEE」が低くても高

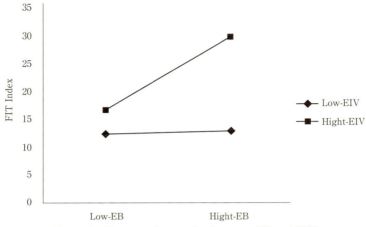

Figure 1 Two way interaction between EB and EIV.
（FIT Index as a dependent variable）

くても FIT Index には差は無いが，「PADL」が高い場合には，「EEE」の
高群が低群よりも FIT Index を低く認知している結果が得られた。このた
め，大学生の場合，日常生活に必要な身体活動ができるという信念・確信・
見込を高く認知している者にとっては，運動する気分や感情への恩恵や成果
などの認知が高まっても，FIT Index への高まりは期待できないことが示さ
れた。この結果は，第 2 step における問題点と同様であり，「PADL」の認
知と身体活動量が乖離している可能性が示唆されるため，今後，対象者の年
齢層や運動の経験度，また運動習慣などとも合わせて検討する必要があると
考える。

　さらに，Fig 3 に示されたように，「PPS」が低い場合，「EIV」が低くて
も高くても FIT Index に差は無いが，「PPS」が高い場合には，「EIV」の高
群は，低群よりも有意に FIT Index を高く認知しているという結果が示さ
れた。そのため，体力や気力への信念・確信が高い場合には，指導者や周囲
の者が対象者に対して，EIV の示す運動への興味や価値観を高めるような

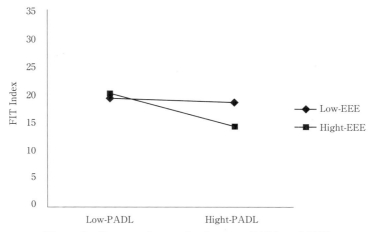

Figure 2 Two way interaction between PADL and EEE.
（FIT Index as a dependent variable）

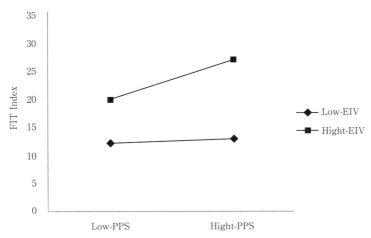

Figure 3 Two way interaction between PPS and EIV.
（FIT Index as a dependent variable）

働きかけを行うことにより，運動行動を促進させる可能性が示唆された。

3-5：まとめ

　本研究では，SEPAUS と EAUS を独立変数，EAUS を調整変数とした分析の結果，各下位因子の FIT Index の規定要因としての有効性が示された。今後は，この結果を踏まえた上で，運動行動の促進や維持を図るためのプログラム内容の検討を行う必要がある。Bandura（1997a）によると，セルフ・エフィカシーを高める４要素として，「達成体験・成功経験」，「代理経験・モデリング」，「言語的説得・言語的励まし」，「生理的・情緒的高揚・気分の高揚感」が重要であると言う。さらに，Maddux & Lewis（1995）は，Bandura の挙げる４要素に「想像的体験」を加えている。現在，学校体育や商業スポーツ施設におけるスポーツプログラムでは，これらの５要素を理論的な基盤として応用している例は少なく，また，経験的な側面を重視するスポーツ指導の現場では，行動理論に基づいた指導を行っている例も僅かである。今後は，プログラム実施の際に，指導者が対象者のセルフ・エフィカシーを高める５要素を意識した上でプログラムが実施できるよう，指導マニュアルを作成し，身体活動量の増進及び運動行動の定着化の可能性を検討したいと考える。とりわけ，本研究の対象者は大学生であることから，大学体育での効果の検証が一つの課題である。

　しかし，本研究は，横断的研究法による調査・分析であるため，結果の解釈には限界がある。特に，すべてのモデル（第 1 Step—第 6 Step）において R^2 の変化量も 0.1%—5% 水準で有意であったことから，階層的重回帰分析の結果においては，第 6 Step での解釈を行った。ただし，第 6 Step での R^2 の値による，独立変数の従属変数への説明率は 28.7 % であり，全体の分散の約 30% の説明率に留まった。この数値の捉え方には難しさが残るため，今後，別の心理的変数を独立変数とした場合の運動行動への説明率と比較検

討し，さらなるモデルの改良を行う必要があると考える。また，TRA や TPB を用いた先行研究では，「行動を意図する変数（行動意図：intention）」を媒介変数として設定し，本研究のように「行動変数（behavior）」と「態度変数（attitude）」との直接的な関係性の検証は行っていない。そのため，今後は，「行動意図」を加えた上で，身体活動を予測するモデルの構築が可能かどうかの検証も行いたいと考える。また，本研究で使用した行動測定指標も，横断的な質問紙調査の段階で終始している。そのため，実質的な身体活動の測定を可能とする行動指標や生理指標の活用や縦断的研究法を用いた追跡調査を行う必要がある。また，本研究のデータも，第2章と同じく，データのサンプル数は，1218 名（男性 336 名，女性 882 名）とサイズは大きいものの，1つの大学の学生からのサンプリングによる分析結果である。そのため，調査対象者に一定の偏りが生じている可能性は否めない。今後は，出来るだけサンプリングの調査範囲を広げ，地理的・環境的の相違による比較検討も視野に入れた研究を行いたいと考える。

第4章：運動行動の促進要因と阻害要因

4-1：促進要因及び阻害要因を測定する指標

　第4章では，大学生の運動行動を促進する要因及び阻害する要因を測定するための尺度を開発し，その信頼性及び妥当性を検討することを目的とした。また，両尺度の各下位尺度における平均値をレーダーチャートに示し，被験者が自己採点評価を行うことにより，各要因について，自分の得点がどれほど平均値から乖離しているのかを把握し，自己認知を高めることが出来るように配慮した。今後，この自己認知を高める視覚的なフィードバック機能を備えた課題への取り組みが，大学体育における健康関連の授業内にて活用することが期待される。実際に授業内にて，運動行動の促進及び阻害に関する自己評価の実践に基づくメタ認知を促進することにより，個人のセルフ・ケア─の意識を高めることが出来るかどうか，学生が相互に行うヘルス・カウンセリング活動等の資料として活用が可能であるかどうか，引き続き検討を行うことが必要である。

4-2：研究の目的

　本研究の目的は，大学生用の「運動行動促進規定要因尺度（以後，促進要因尺度と略）」及び「運動行動阻害規定要因尺度（以後，阻害要因尺度と略）」を開発し，両尺度の信頼性及び妥当性を検証することである。

4-3：研究の方法

1) 調査対象者

　調査への回答に対して同意を得られた，都内 A 大学に在籍する 1 年生―4 年生の合計 1272 名を対象に，大学の授業内において，集合調査法による質問紙調査を実施した。質問紙は回収後に，著しく記入の漏れや記入ミスがある回答を除外し，最終的に 1218 名（男性 336 名，女性 882 名，平均年齢 18.92 歳，$SD = 1.75$：有効回答率 95.75%）の回答を分析対象とした。

2) 調査期間

　2005 年 9 月下旬―11 月上旬に実施した。

3) 調査内容

(1) 個人の属性

　フェイスシートにて，性別・年齢・学年・運動歴等の被験者の個人的属性に関する質問を記述式にて回答を求めた。

(2) 大学生版運動行動促進規定要因尺度（促進要因尺度）

　促進要因尺度を作成するにあたり，先行研究において作成された国内外の運動行動を促進する規定要因と成り得る心理・社会・環境的な要因を含む質問紙の項目の検討を行った。具体的には，先行研究（下光他，1999：Myers et al., 1997：Marcus et al., 1992：Nishida et al., 2003：Nishida et al., 2004）の各尺度を参考にした。また，新たな項目を検討するために，大学生 150 名を対象に，「日常生活において運動行動を誘発・促進する要因」について，自由記述式で回答を求め，その結果を KJ 法にて検討した。その結果，最終的に「運動行動促進規定要因」に関する 8 領域 32 項目を選定した。

（3）大学生版運動行動阻害規定要因尺度（阻害要因尺度）

　阻害要因尺度を作成するにあたり，促進要因尺度作成の方法と同様に，国内外において運動行動を阻害する規定要因となる心理・社会・環境的な要因を含む質問紙の項目の検討を行った。具体的には，促進要因尺度の作成プロセスと同様に，先行研究（下光他，1999；Myers et al., 1997；Marcus et al., 1992；Nishida et al., 2003；Nishida et al., 2004）の各尺度を参考にした。また，新たな項目を検討するために，大学生 150 名を対象に，「日常生活において運動行動を抑制・阻害する要因」について，自由記述式で回答を求め，その結果を KJ 法にて検討を行った。その結果，最終的に「運動行動阻害規定要因」に関する 8 領域 32 項目を選定した。

　なお，両尺度とも，質問項目の選定においては，他の尺度と併用を意図していることから，質問項目が単純明快であり，現代の大学生が日常的に使用する理解し易い口語的な文章での構成を意図した。また，項目の選定に当たっては，心理学を専門とする研究者 2 名及び大学院生 3 名の協力の下で行った。被験者の回答への評定方法は，促進要因尺度においては，「私が運動をするのは……である」という文脈の中で，また，阻害要因尺度においては，「私が運動をしないのは……である」という文脈の中で解釈した上で回答するように求めた。評定方法は，「まったくそう思わない（得点 1）」―「かなりそう思う（得点 5）」の 5 件法にて実施した。

4）分析方法

（1）標本の妥当性の検討

　探索的因子分析を行うに当たり，標本の妥当性は，Kaiser-Meyer-Olkin（KMO）測度と Bartlett の球面性検定（BS）を用いて検討した。

（2）項目の抽出及び信頼性・妥当性の検討

　促進要因尺度及び阻害要因尺度の因子構造の検討に当たっては，探索的因

子分析（最尤法・Promax 回転）を実施した。また，各因子の信頼性は，内的整合性の指標である Cronbach's α 係数を算出した。

　さらに，最尤法による検証的因子分析にて，構成概念妥当性の検討を行った。また，検証的因子分析におけるモデルの適合度指標には，GFI，AGFI，CFI，RMSEA の 4 つの指標を用いた。

5) 研究上の倫理的配慮

　本研究における質問紙調査は，すべて無記名で実施し，個人を特定しないことや研究以外には回収したデータを活用しないことなど，個人の権利を損なうことが無いように，プライバシーの保護について十分に配慮することを質問紙の表紙に明記し，また口頭においても説明を行った。さらに，質問紙への回答は自由意志であること，回答しないことに対して，被験者に何らかの不利益が生じることは一切無いことを説明した上で実施した。

4-4：結果と考察

1) 標本の妥当性の検討

　探索的因子分析に先立ち，標本の妥当性の検討を行うために，KMO 測度と BS を求めた結果，促進要因及び阻害要因の両尺度とも，統計的基準を満たす値を示した（促進要因尺度：$KMO = 0.930$，$BS = 28533.29$，$p < 0.001$，阻害要因尺度：$KMO = 0.925$，$BS = 45252.14$，$p < 0.001$）。KMO の値の判定は，0.8 以上はかなり良いと判断され（Kaiser & Rise, 1974），BS は χ^2 値が有意である時，因子間の相関が低いことを意味し，抽出された因子モデルが適用されると考えられているため（Bartlett, 1950），本研究における標本の妥当性が検証されたと判断した。

2) 大学生版運動行動促進規定要因尺度（促進要因尺度）の因子構造

　探索的因子分析（最尤法 Promax 回転）の結果，促進要因尺度からは，8 因子各 4 項目の計 32 項目が抽出された。抽出された 8 因子の各項目の内容，因子負荷量，累積寄与率，因子間相関は Table 1 に示した。

　第 1 因子は，「交友関係が広がるから」「人とコミュニケーションの場が持てるから」など，交友・社交性を基本とした内容で構成されているため，「コミュニケーション：Communication」と命名した。

　第 2 因子は，「体型をよくすることができるから」「脂肪がおちるから」など，身体的変化を意図した内容を基本としていることから，「ダイエット：Diet」と命名した。

　第 3 因子は，「自分の能力を他人に認めてもらえるから」「自分の可能性に挑戦できるから」など，自己の可能性への挑戦を共通としている内容であることから，「社会的承認：Social Recognition」と命名した。

　第 4 因子は，「体力が増進するから」「筋力がつくから」など，体力の維持・増進を共通内容としていることから，「体力改善：Physical Strength Improvement」と命名した。

　第 5 因子は，「気分転換になるから」「活力（やる気）がわいてくるから」など，気分・感情の改善を共通内容としていることから，「メンタルヘルス：Mental Health」と命名した。

　第 6 因子は，「食事がすすむから」「よく眠れるから」など，生活の質の向上に必要な共通項目を含むことから，「健康生活：Healthy Life」と命名した。

　第 7 因子は，「肩こり・腰痛を予防できるから」「風邪を引かなくなるから」など，不定愁訴や疾病を予防する項目を共通に含むことから，「病気予防：Disease Prevention」と命名した。

　第 8 因子は，「時間の使い方が上手になるから」「生活空間が広がるから」など，社会生活を送る上での重要な生活習慣についての基本的な内容や生活

Table 1 大学生版運動行動促進規定要因尺度の因子構造

	F1	F2	F3
F1：コミュニケーション（Communication）			
交友関係が広がるから	**0.986**	0.008	-0.038
友人との関係が深まるから	**0.943**	-0.010	0.074
人とコミュニケーションの場が持てるから	**0.916**	0.044	0.007
友人と楽しむ時間が持てるから	**0.789**	-0.033	-0.043
F2：ダイエット（Diet）			
体型をよくすることができるから	0.008	**0.936**	-0.014
脂肪がおちるから	0.040	**0.868**	-0.053
良い体型を保てるから	-0.004	**0.860**	0.040
体重を減らすことができるから	-0.031	**0.859**	0.050
F3：社会的承認（Social Recognition）			
自分が活躍することができるから	-0.013	0.013	**0.845**
自分の能力を他人に認めてもらえるから	-0.027	0.090	**0.817**
自分の可能性に挑戦できるから	0.006	-0.056	**0.813**
自分の能力を高めることができるから	0.061	-0.043	**0.710**
F4：体力改善（Physical Strength Improvement）			
体力が増進するから	-0.010	-0.006	-0.090
全身の持久力が増加するから	-0.030	-0.016	0.018
体が強くなるから	-0.051	0.015	0.086
筋力がつくから	0.047	0.036	0.037
F5：メンタルヘルス（Mental Health）			
気分が良くなるから	-0.021	0.024	0.001
気分転換になるから	0.027	0.003	-0.144
快適で楽しくなるから	0.024	-0.002	0.057
活力（やる気）がわいてくるから	0.073	-0.016	0.241
F6：健康生活（Healthy Life）			
食事がすすむから	0.039	-0.034	0.045
寝つき・目覚めが良いから	-0.069	-0.005	0.031
よく眠れるから	0.065	-0.020	-0.062
便通が良くなるから	-0.051	0.077	0.008
F7：病気予防（Disease Prevention）			
病気を予防できるから	-0.012	-0.022	0.024
生活習慣病を予防できるから	0.053	0.064	-0.057
肩こり・腰痛を予防できるから	-0.074	0.003	-0.066
風邪を引かなくなるから	0.046	-0.053	0.024
F8：ライフスタイル構築（Lifestyle Building）			
ライフスタイルが確立するから	-0.050	0.006	-0.010
時間の使い方が上手になるから	-0.034	0.027	0.215
時間を守るようになるから	0.061	-0.029	0.141
生活空間が広がるから	0.090	-0.007	-0.029
累積寄与率（%）	35.415	46.977	55.167
因子相関行列		0.142	0.544
			0.206

F4	F5	F6	F7	F8	h^2
0.016	−0.068	−0.030	−0.002	0.046	0.896
−0.025	−0.012	−0.025	0.002	−0.029	0.895
−0.008	−0.037	0.031	−0.018	0.025	0.848
−0.026	0.169	0.020	−0.005	−0.037	0.724
0.007	0.024	−0.010	0.004	−0.011	0.882
0.015	0.026	0.045	−0.039	0.002	0.763
0.052	−0.009	−0.021	0.003	0.004	0.782
−0.049	−0.018	−0.022	0.017	0.004	0.717
−0.031	−0.024	0.021	−0.060	0.051	0.706
−0.075	−0.058	0.050	0.017	0.011	0.632
0.018	0.045	−0.029	0.016	0.010	0.709
0.199	0.026	−0.039	−0.043	−0.017	0.677
0.986	−0.013	−0.006	−0.080	0.086	0.873
0.819	−0.021	0.043	0.041	−0.016	0.688
0.766	0.069	0.018	0.010	−0.032	0.694
0.662	−0.040	−0.046	0.070	−0.032	0.479
−0.076	**0.988**	0.005	−0.019	−0.012	0.871
0.079	**0.836**	0.061	−0.068	0.046	0.708
0.014	**0.796**	−0.063	0.036	0.022	0.730
−0.013	**0.535**	0.028	0.121	−0.042	0.604
0.023	−0.031	**0.796**	−0.012	−0.043	0.616
−0.028	0.058	**0.772**	−0.060	0.002	0.545
0.083	0.037	**0.742**	−0.012	−0.014	0.592
−0.082	−0.052	**0.590**	0.200	0.038	0.527
−0.015	0.007	−0.106	**0.975**	−0.023	0.794
0.169	−0.011	0.038	**0.672**	−0.065	0.597
−0.039	0.009	0.070	**0.660**	0.079	0.494
−0.032	−0.028	0.178	**0.637**	0.058	0.606
0.040	0.045	−0.056	0.041	**0.838**	0.710
−0.064	−0.012	0.026	−0.014	**0.707**	0.695
0.018	−0.108	0.054	−0.002	**0.702**	0.658
0.020	0.124	−0.023	0.016	**0.670**	0.604
61.323	67.228	70.915	74.375	77.062	
0.337	0.613	0.289	0.247	0.513	
0.364	0.244	0.250	0.379	0.251	
0.459	0.557	0.340	0.316	0.697	
	0.514	0.344	0.424	0.389	
		0.364	0.366	0.507	
			0.654	0.479	
				0.494	

54

様式を構築するという内容を共通に含むことから，「ライフスタイル構築：Lifestyle Building」と命名した。

3) 大学生版運動行動阻害規定要因尺度（阻害要因尺度）の因子構造

探索的因子分析（最尤法 Promax 回転）の結果，阻害要因尺度からは，8 因子各 4 項目の計 32 項目が抽出された。抽出された 8 因子の各項目内容，因子負荷量，累積寄与率，因子間相関は Table 2 に示した。

第 1 因子は，「近くに気軽に利用できる体育館やプールがないから」「安価で使用できるスポーツ施設がないから」など，公共や民間に関わらず，利用し易いスポーツ施設が不足していることを共通に含む内容であることから，「施設欠如：Absence of Recreational Facilities」と命名した。

第 2 因子は，「運動・スポーツをすることに価値を感じないから」「運動・スポーツをしても心地よさを感じないから」など，スポーツへのネガティブな感情を共通に含むことから，「運動嫌悪感：Sport & Exercise Aversion」と命名した。

第 3 因子は，「お金の掛かるスポーツが多いから」「経済的に余裕がないから」など，財政的な問題を共通に含むことから，「経済的阻害：Economical Barrier」と命名した。

第 4 因子は，「一緒に楽しむ仲間がいないから」「上手に教えてくれる指導者・仲間がいないから」など，スポーツを一緒に楽しむ人的支援源が欠如していることを共通に含むことから，「仲間不足：Lack of Human Resources」と命名した。

第 5 因子は，「他にやらなければならないことがあるから」「忙しくて時間がないから」など，時間対策に困窮している状況を共通性としていることから，「時間的阻害：Time Barrier」と命名した。

第 6 因子は，「苦しかったり辛かったりするから」「後で筋肉痛になったりするから」など，運動後のネガティブな要素を推し量っていることを共通性

としていることから，「気分感情的阻害：Emotional Barrier」と命名した。

　第7因子は，「気に入った運動器具が手元にないから」「スポーツイベントや健康プログラムの情報がないから」など，実際に運動をするために必要な用具や情報の欠如を共通性としていることから，「道具・情報欠如：Lack of Sporting Goods & Information」と命名した。

　第8因子は，「広場や公園など体を動かす場所がないから」「自然環境（気温・天気）に左右されるから」など，周囲の状況や環境条件を共通性としていることから，「環境的阻害：Environmental Barrier」と命名した。

4）促進要因尺度及び阻害要因尺度の信頼性の検討

　促進要因及び阻害要因の各尺度の内的一貫性を検討するために，Cronbach's α 係数を求めたところ，促進要因尺度の各因子の α 係数は 0.832—0.951 であり，また，阻害要因尺度の各因子の α 係数は 0.817—0.938 であり，すべての因子において比較的高い水準の信頼性係数を示した（Table 3—4）。このため，作成された両尺度の各下位因子の内的一貫性が確認できたものと判断した。

5）構成概念妥当性の検討

　促進要因尺度の探索的因子分析の結果をもとに，8因子32項目を仮説モデルとして，検証的因子分析による構成概念の妥当性の検討を行った。その結果，それぞれ仮定した潜在変数から観測変数へのパス係数は，いずれも十分な値であり（0.52—0.92），全て統計学的に有意であった（$p < 0.001$）。また，モデルの適合度指標も統計学的な基準を満たす適合度を示した（Table 1）。

　また，阻害要因尺度における探索的因子分析の結果をもとに，8因子32項目を仮説モデルとして，検証的因子分析による構成概念の妥当性の検討を行った。その結果，それぞれ仮定した潜在変数から観測変数へのパス係数は，いずれも十分な値であり（0.62—0.96），全て統計学的に有意であった

Table 2 大学生版運動行動阻害規定要因尺度の因子構造

	F1	F2
F1：施設欠如（Absence of Recreational Facilities）		
近くに気軽に利用できる体育館やプールがないから	0.997	-0.019
近所にスポーツクラブやジムなどがないから	0.856	0.082
通える範囲に公共のスポーツ施設がないから	0.816	-0.009
安価で使用できるスポーツ施設がないから	0.639	-0.064
F2：運動嫌悪感（Sport & Exercise Aversion）		
運動・スポーツをすることに価値を感じないから	0.008	1.025
運動・スポーツをすることに意味を見出せないから	0.027	0.995
運動・スポーツをしても心地よさを感じないから	-0.013	0.795
運動・スポーツが嫌いだから	-0.014	0.668
F3：経済的阻害（Economical Barrier）		
道具やウェアをそろえる金銭的余裕がないから	-0.020	-0.020
お金の掛かるスポーツが多いから	-0.041	0.035
使用料金・参加料金が高くて参加できないから	0.060	-0.002
経済的に余裕がないから	-0.005	-0.005
F4：仲間不足（Lack of Human Resources）		
一緒にプレーをする知り合いがいないから	0.016	-0.026
一緒に楽しむ仲間がいないから	-0.013	0.011
誘ってくれる友人がいないから	0.004	0.021
上手に教えてくれる指導者・仲間がいないから	-0.010	0.009
F5：時間的阻害（Time Barrier）		
他にやらなければならないことがあるから	-0.023	0.011
忙しくて時間がないから	0.019	-0.002
学校（会社）や勉強が忙しいから	-0.014	-0.003
仕事（アルバイト）で時間がないから	0.045	-0.027
F6：気分感情的阻害（Emotional Barrier）		
苦しかったり辛かったりするから	-0.012	-0.028
暑かったり寒かったりするから	-0.003	-0.006
後で筋肉痛になったりするから	0.034	0.008
疲れたりダルかったりするから	0.033	0.093
F7：道具・情報欠如（Lack of Sporting Goods & Information）		
気に入った運動器具が手元にないから	-0.068	0.008
自宅に運動するための道具・器材がないから	0.022	-0.005
スポーツイベントや健康プログラムの情報がないから	-0.025	-0.017
使いやすい運動器具・道具がないから	0.338	0.024
F8：環境的阻害（Environmental Barrier）		
運動・スポーツを気軽に行う空間がないから	0.222	-0.044
広場や公園など体を動かす場所がないから	0.254	0.005
自然環境（気温・天気）に左右されるから	-0.062	0.012
ウォーキングやジョギングを安全に行う道路・歩道がないから	-0.040	0.049
累積寄与率（%）	34.333	45.795
因子-相関行列		0.200

F3	F4	F5	F6	F7	F8	h²
0.010	0.012	0.006	0.049	-0.109	-0.074	0.808
-0.052	-0.006	0.041	-0.026	0.030	-0.095	0.658
-0.040	-0.010	-0.032	0.042	-0.073	0.173	0.776
0.126	-0.004	0.016	-0.022	0.181	-0.026	0.645
0.002	-0.032	0.006	-0.096	0.052	-0.017	0.950
-0.001	-0.037	0.000	-0.080	0.057	-0.021	0.908
-0.006	0.038	-0.010	0.106	-0.043	0.036	0.752
0.017	0.065	-0.020	0.181	-0.102	0.046	0.636
0.921	-0.023	-0.020	0.032	0.028	-0.029	0.825
0.893	-0.044	-0.016	-0.004	-0.009	0.023	0.738
0.876	0.010	-0.013	-0.015	-0.033	0.005	0.776
0.809	0.048	0.049	-0.032	-0.004	0.007	0.704
-0.045	**1.027**	-0.004	-0.029	-0.051	-0.003	0.936
-0.025	**0.963**	-0.008	-0.043	-0.021	0.011	0.859
0.033	**0.795**	-0.001	0.033	0.008	-0.030	0.685
0.063	**0.624**	0.020	0.039	0.155	0.002	0.595
-0.011	0.012	**0.914**	-0.003	-0.010	0.001	0.818
0.003	-0.006	**0.852**	0.014	-0.018	-0.028	0.713
-0.001	0.000	**0.812**	0.001	0.006	0.044	0.686
0.003	-0.009	**0.676**	-0.013	0.017	0.041	0.498
-0.039	0.051	-0.046	**0.884**	-0.008	0.022	0.742
-0.021	-0.084	-0.005	**0.836**	0.048	0.049	0.683
-0.001	-0.041	0.027	**0.762**	0.116	-0.089	0.621
0.085	0.067	0.054	**0.563**	-0.129	0.022	0.460
-0.017	-0.022	0.019	0.021	**0.869**	-0.001	0.680
-0.029	-0.027	-0.021	0.022	**0.829**	0.036	0.697
0.106	0.123	-0.013	0.043	**0.568**	0.026	0.508
-0.012	0.005	-0.003	-0.032	**0.554**	0.016	0.653
0.030	0.028	-0.007	-0.048	-0.029	**0.715**	0.752
-0.026	-0.005	-0.050	-0.046	0.001	**0.710**	0.749
0.033	-0.033	0.041	0.075	0.017	**0.694**	0.505
-0.029	0.000	0.066	-0.002	0.070	**0.593**	0.402
53.845	61.017	66.690	70.971	74.639	77.490	
0.446	0.382	0.291	0.225	0.622	0.708	
0.224	0.382	0.133	0.508	0.173	0.278	
	0.515	0.377	0.421	0.582	0.406	
		0.307	0.398	0.441	0.402	
			0.334	0.347	0.388	
				0.381	0.330	
					0.497	

Table 3　大学生版運動行動促進規定要因尺度の下位因子名と α 係数

因子	因子名	α 係数
F1	コミュニケーション：Communication	α ＝0.951
F2	ダイエット：Diet	α ＝0.932
F3	社会的承認：Social Recognition	α ＝0.884
F4	体力改善：Physical Strength Improvement	α ＝0.889
F5	メンタルヘルス：Mental Health	α ＝0.898
F6	健康生活：Healthy Life	α ＝0.832
F7	病気予防：Disease Prevention	α ＝0.849
F8	ライフスタイル構築：Lifestyle Building	α ＝0.878

Table 4　大学生版運動行動阻害規定要因尺度の下位因子名と α 係数

因子	因子名	α 係数
F1	施設欠如：Absence of Recreational Facilities	α ＝0.891
F2	運動嫌悪感：Sport & Exercise Aversion	α ＝0.938
F3	経済的阻害：Economical Barrier	α ＝0.937
F4	仲間不足：Lack of Human Resources	α ＝0.929
F5	時間的阻害：Time Barrier	α ＝0.887
F6	気分感情的阻害：Emotional Barrier	α ＝0.888
F7	道具・情報欠如：Lack of Sporting Goods & Information	α ＝0.880
F8	環境的阻害：Environmental Barrier	α ＝ 0.817

（$p<0.001$）。また，モデルの適合度指標は，CFI の数値のみが 0.751 と適合基準に満たされなかったが，他の 3 領域（GFI，AGFI，RMSEA）において統計学的な基準値を満たしていることから，許容範囲内であると判断した。このような場合，項目の削減や因子数の削減により，モデルの適合度指数を再検討する方法が考えられる。しかし，項目の削減は，因子を構成する際の意味的要素が薄れてしまうこと，1 因子あたりの項目数は，信頼性及び適合性の観点から見ても 4 項目以上で構成する方が望ましいと言う研究報告（Jackson & Marsh, 1996）を考慮し，1 因子が各 4 項目で構成されていることが適当であると判断し，阻害要因尺度も 8 因子 32 項目での尺度構成を保持するようにした。

6）フィードバック機能

　促進要因及び阻害要因の両尺度とも，各 4 項目 8 因子構造であることから，各因子の最低得点（4 点）から最高得点（20 点）の得点範囲が等しくなり，被験者に対してアセスメント結果をフィードバックする際には，Fig 1 及び Fig 2 に示すようなレーダーチャートでの提示が可能となった。被験者が自己認知を高めるためには，個人の心理・身体・社会・環境的な状況を図表による視覚化した結果をフィードバックすることが効果的である。また，個人の各因子に対する認知の高低をレーダーチャート全体の形状から把握することが可能となり，自分自身の各下位尺度の得点が，平均値から乖離している状況を認識し，さらに，身近にいる者のデータとの比較をすることによって，被験者へのフィードバックの有効性が高まることが予測される。この点からも，因子数及び項目数を同数に揃えることに成功したことにより，今後，促進要因及び阻害要因の両尺度の効果的な活用性が期待できる。なお，Fig 1 及び Fig 2 のレーダーチャートの各因子にプロットされている得点は，本研究における対象者の平均得点である。

4-5：まとめ

　本研究の結果，信頼性及び妥当性を兼ね備えた大学生版の促進要因尺度及び阻害要因尺度が開発された。両尺度とも各因子内の項目の利便性を考慮し，少数の項目で構成することに成功しつつも，1 因子が 4 項目以上で構成されなければならないという質問紙作成上の一定条件（Jackson & Marsh, 1996）を満たすことにも成功した。さらに，各因子の信頼性を示す α 係数は，各因子に含まれる項目数に影響されることから，質問紙を構成する各因子の信頼性を正確に比較できるよう，各因子を構成する項目数を等しくすることが推奨されるという条件（Terry et al., 1999）も満たすことが出来た。

　今回，開発を行った促進要因尺度及び阻害要因尺度の特徴として，運動行

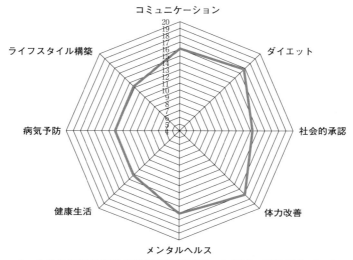

Figure 1 大学生版運動行動促進規定要因尺度の各因子の平均得点（4点-20点）

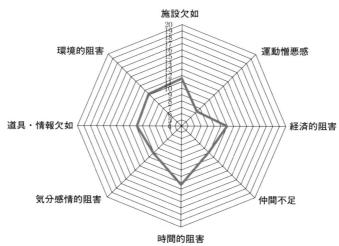

Figure 2 大学生版運動行動阻害規定要因尺度の各因子の平均得点（4点-20点）

動を促進または阻害する日常生活における心理・社会・環境・施設・道具等の各要因を多面的に測定することを可能とした点が挙げられる。このため，大学生の運動行動に関する現況のアセスメント結果を Fig 1 と Fig 2 に示すようなレーダーチャートにて視覚的にフィードバックすることにより，各下位因子別に自己認知を高めることを可能とし，個々人の特性に合わせた対処方法の選択が可能になることが想定される。特に，本研究における各要因の認知的変容を意図した介入方略を検討したモデルからは，「メンタルヘルス」「社会的承認」「ライフスタイル構築」「コミュニケーション」「健康生活」の促進要因への寄与の高さ，「道具・情報欠如」「施設欠如」「環境的阻害」「経済的阻害」「仲間不足」の阻害要因への寄与の高さが示唆された。そのため，フィードバックを行う際には，上記のアセスメント結果をもとに，自己認知力を高めた上で，具体的な対応策について客観的なアドヴァイスを行う介入方法が有効であると考えられる。また，指導者の場合には，各要因の変容を意図した対象者へのアドヴァイス・パターンを作成しておくことも有益である。

　現代の大学生を対象とする場合，その生活様式や嗜好性は多様であり，その心理・社会・環境的な背景を多面的にアセスメントすることが必要である。また，具体的な対応策を検討する際にも，複数の因子から構成される多面的な要因を測定可能とする尺度の有効性が期待される。特に，健康運動を奨励する教育現場での応用性を考える場合，竹中（2005）や竹中・大場・葦原（2005）が提唱するように，社会的マーケティングの方略を取り入れた，対象者に適合した健康プログラムを提供するという発想が必要である。具体的には，プログラムを推進する指導者や教員が，大学における体育教育や学校保健指導の中において，授業や特別プログラムを実施する際に，アセスメント結果を基礎資料とし，参加者のセグメント化を図り，その上でプログラムを実施することにより，より効果的なプログラムの実施が期待される。

　本研究によって開発された促進要因尺度及び阻害要因尺度は，対象者のセ

グメント化を行う際に必要となる対象者の心理・社会・環境的な運動行動におけるバックグラウンドをアセスメントすることが可能であり，プログラムのターゲットとする対象者の選定やプログラム参加者のニーズを把握することによる効果的なプログラムの提供が可能になると考えられる。そのため，今後は，大学生以外の対象者に対しても尺度の標準化を試み，より幅広い年齢層や社会環境の異なる対象者へのアセスメントの応用性を検討する必要がある。子どもの身体活動量の低下，中高年の運動不足によるメタボリックシンドロームや生活習慣病の増加，高齢者の自立性の低下など，発育発達の促進から，疾病予防，介護予防などを意図した健康運動プログラムへの対応を行うためには，広域な年齢層をアセスメントするための指標の開発及び活用が重要な鍵となると考えられる。

第5章：運動行動とメンタルヘルス・モデルの検討

5-1：促進要因及び阻害要因によるメンタルヘルス・モデル

　第5章では，第4章で作成した，大学生用の「運動行動促進規定要因尺度（以後，促進要因尺度と略）」及び「運動行動阻害規定要因尺度（以後，阻害要因尺度と略）」を規定要因としたメンタルヘルス・モデルを構築することにより，どのような要因が運動行動を促進させ，その結果として，大学生のメンタルヘルスの改善につながるのかを検討した。本章で検討したモデルでは，第2章で作成した「身体活動セルフ・エフィカシー尺度（SEPAUS）」を媒介変数として用い，目的変数であるメンタルヘルスに対して，規定要因である促進要因及び阻害要因からの直接的な影響性及び身体活動セルフ・エフィカシーを身体活動の代理変数とした間接的な影響性について検討を行った。

5-2：研究の目的

　本研究の目的は，第4章で開発を行った促進要因尺度及び阻害要因尺度の各規定要因が，「身体活動セルフ・エフィカシー」を媒介変数として，従属変数であるMHP（心理的・社会的・身体的ストレス及びQOL）への影響性を検討することである。そこで，本研究では，運動行動を規定要因とした大学生のメンタルヘルス・モデル（促進要因―身体活動セルフ・エフィカシーMHPモデル／阻害要因―身体活動セルフ・エフィカシーMHPモデル）を仮説設定（Fig 1）し，その検証を行うことにより，今後の介入方法の検討を行った。

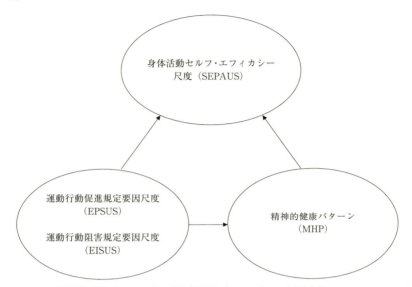

Figure 1 「促進要因（EPSUS）／阻害要因（EISUS）—身体活動セルフ・エフィカシー—MHP 総合型モデル」・「促進要因（EPSUS）—身体活動セルフ・エフィカシー—MHP モデル」・「阻害要因（EISUS）—身体活動セルフ・エフィカシー—MHP モデル」の 3 パターンによる仮説モデル

5-3：研究の方法

1）調査対象

　調査への回答に対して同意を得られた，都内 A 大学に在籍する 1 年生—4 年生の合計 256 名を対象に，集合調査法による質問紙調査を行った。質問紙は回収後に，著しく記入の漏れや記入ミスがある回答を除外し，最終的に 240 名（男性 147 名，女性 93 名，平均年齢 19.97 歳，*SD* = 1.41：有効回答率 93.75%）の回答を分析対象とした。

2) 調査期間

調査期間は，2006年1月—2月に実施した。

3) 調査内容

(1) 大学生版「身体活動セルフ・エフィカシー尺度」

身体活動レベルを測定する指標として，大学生版の「身体活動セルフ・エフィカシー尺度」（清水・石井，2012）を使用した。本尺度は，「子ども用身体活動セルフ・エフィカシー尺度」（上地他，2002），「運動セルフ・エフィカシー尺度」（岡，2003），「Self-Efficacy for Exercise Behaviors」（Sallis et al., 1988），「Self-Efficacy Exercise Behavior Scale」（Marcus et al., 1992），「Self-Efficacy for Exercise」（Resnick & Jenkins, 2000；Resnick et al., 2004）の各尺度の項目を参考に大学生用として標準化されたものである。本尺度は，実際の身体活動量との有意な相関が確認されていることから，今回，身体活動量を介在するモデルを検証する上で，媒介変数として位置づけることとした。なお，評定方法は，「まったくそう思わない（得点1）」—「かなりそう思う（得点5）」の5件法にて実施した。

(2) 精神的健康パターン（Mental Health Pattern；MHP）

メンタルヘルスを測定する指標としては，「精神的健康パターン（Mental Health Pattern；MHP）」（橋本他，1994；橋本・徳永，1999）を用いた。MHPは，心理的ストレス・社会的ストレス・身体的ストレス・QOLの測定を可能とする4下位尺度（各10項目計40項目）から構成され，中学生から成人までのメンタルヘルスをネガティブな側面とポジティブな側面との両側面から測定することを目的として開発された尺度である。なお，評定方法は，「全くそんなことはない（得点1）」—「全くそうである（得点4）」の4件法にて実施した。

（3）促進要因尺度及び阻害要因尺度

本研究では，第4章において大学生を対象に標準化を行った促進要因尺度及び阻害要因尺度を用いた。なお，評定方法は，「まったくそう思わない（得点1）」—「かなりそう思う（得点5）」の5件法で実施した。

（4）仮説モデル（促進要因／阻害要因—身体活動セルフ・エフィカシー—MHP総合型モデル，促進要因—身体活動セルフ・エフィカシー—MHPモデル，阻害要因—身体活動セルフ・エフィカシー—MHPモデル）

運動行動が，不安や抑うつの低減など，メンタルヘルスに対してポジティブに影響するという先行研究（橋本・徳永，1999；橋本他，1991；橋本他，1993；Nabetani et al., 2001；荒井他，2001）を踏まえると，促進要因尺度及び阻害要因尺度の各因子が，運動行動を発現・促進または抑制・阻害することによるメンタルヘルスへの直接的な影響性が予測される。しかし，身体活動量の水準自体がメンタルヘルスに対して影響性を持つことが想定されることから，促進要因尺度及び阻害要因尺度を独立変数とし，MHPを従属変数とした場合，その間を介在する変数を想定したモデルでの検証を行う必要がある。そこで，本研究では，運動行動とメンタルヘルスとの因果関係を説明するための第三の変数として，身体活動セルフ・エフィカシーを媒介変数とし，その因果モデル（促進要因／阻害要因—身体活動セルフ・エフィカシー—MHP総合型モデル，促進要因—身体活動セルフ・エフィカシー—MHPモデル，阻害要因—身体活動セルフ・エフィカシー—MHPモデル）の3種類の仮説モデルに基づいた分析を試みた（Fig 1）。具体的には，身体活動セルフ・エフィカシーという，実際の身体活動量と強い相関関係を持ち，対象者の将来的な身体活動量を予測することが可能な変数を促進要因尺度及び阻害要因尺度とMHPとの間に媒介変数として用いることにより，各規定要因からの間接的な効果や直接的な効果を検証し，仮説モデルの検証を行った。

4）分析方法

　本研究における仮説因果モデル（Fig 1）を検証するために，共分散構造分析（最尤法）を実施した。因果モデル全体の適合度を測定する指標には，各モデルとも GFI, AGFI, CFI, RMSEA を用いた。なお，分析には SPSS12.0J 及び AMOS4.0 を使用した。

　また，分析の際には，Fig 1 の仮説モデルを3つのパターンにて分析を行った。具体的には，1）促進要因と阻害要因の2つの規定要因を同時に投入し，身体活動セルフ・エフィカシー及び MHP との関係性を検証した「促進要因／阻害要因―身体活動セルフ・エフィカシー―MHP モデル」，2）促進要因を規定要因とした「促進要因―身体活動セルフ・エフィカシー―MHP モデル」，3）阻害要因を規定要因とした「阻害要因―身体活動セルフ・エフィカシー―MHP モデル」の3つのモデルを作成し，その因果関係の検証を行った。

5-4：結果と考察

1）因果推定モデルにおける全体的適合性の評価

　Fig 1 に示された仮説モデルを共分散構造分析にて検証を行った結果が Fig 2, Fig 3 及び Fig 4 である。まず，Fig 2 は，規定要因である促進要因と阻害要因から，目的変数である MHP への直接的な影響性を検証するパスと，身体活動セルフ・エフィカシーを媒介して目的変数である MHP への間接的な影響性を検討する2つの規定要因を投入した総合型のモデルである。なお，Fig 2 の規定要因としての促進要因及び阻害要因は，各8つの下位尺度を持つが，ここでは観測変数として分析するために，加算してモデルに投入してある。同様に，身体活動セルフ・エフィカシーについても，3つの下位尺度を持つが，観測変数として分析するために，各下位尺度の得点を加算してモデルに投入する方法を採用した。Fig 2 で行った共分散構造分析によ

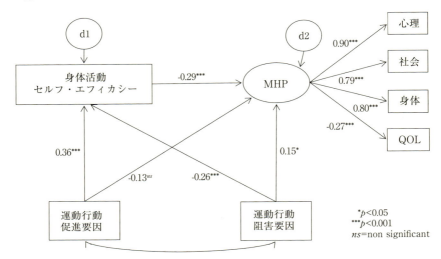

Figure 2　促進要因／阻害要因
―身体活動セルフ・エフィカシー―MHP 総合型モデル

るモデルの検討は，各変数間の関係性の概略を把握するために行ったものである。つまり，Fig 3 と Fig 4 で行う規定要因を個別に分析したモデルにおいて，各変数間のパス係数の正負の関係性や影響性の大きさの概観するために，全体的な簡略化されたモデルの作成を試みた。次に，Fig 3 は，身体活動セルフ・エフィカシーを媒介変数とし，促進要因尺度及び MHP の 3 変数間の直接的・間接的な関係性を示す因果モデルである。また，Fig 4 は，身体活動セルフ・エフィカシーを媒介変数とし，阻害要因尺度及び MHP の 3 変数間の直接的・間接的な関係性を示す因果モデルである。3 つのモデルとも，楕円形の潜在変数と円形の誤差変数は，直接的には測定されない変数を表し，長方形で表される観測変数には，対応する各下位尺度の得点がそれぞれ位置づけられている。各下位尺度の得点範囲は，F1―F3 は各 5 項目（5 件法：最低 5 点―最高 25 点），F4―F11 は各 4 項目（4 件法：最低 4 点―最高 16 点），F12―F15 は各 10 項目（4 件法：最低 10 点―最高 40 点）が配置されてい

る。

　まず，総合型のモデル（Fig 2）において，モデルの適合度の検討を行ったところ，*GFI* = 0.956，*AGFI* = 0.888，*CFI* = 0.950，*RMSEA* = 0.099 であったことから，AGFI と RMSEA の数値がやや基準値に満たされていないが，GFI と CFI が十分な値を示していることから，統計学上の許容範囲内であると判断した。このモデルでは，阻害要因から MHP への直接パスは有意であったが，促進要因からの直接パスは有意ではなかった。この結果より，潜在的に阻害要因を高く認知している者は，メンタルヘルスを低下させている傾向にあることが推察されるため，阻害要因を低減する働きかけにより，直接的にメンタルヘルスを改善できる可能性を示していると考えられる。また，身体活動セルフ・エフィカシーを媒介変数とした場合，2つの規定要因

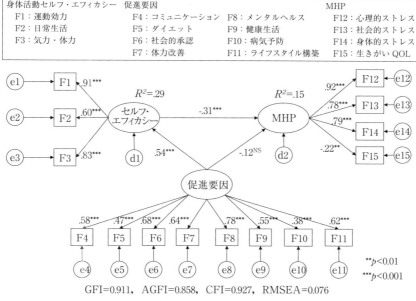

Figure 3　促進要因―身体活動セルフ・エフィカシー―MHP モデル

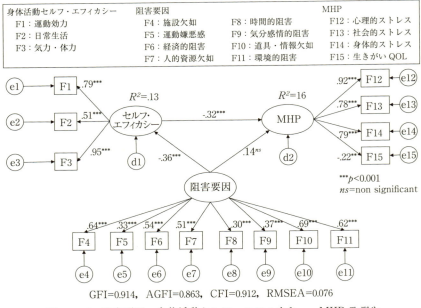

身体活動セルフ・エフィカシー	阻害要因		MHP
F1：運動効力	F4：施設欠如	F8：時間的阻害	F12：心理的ストレス
F2：日常生活	F5：運動嫌悪感	F9：気分感情的阻害	F13：社会的ストレス
F3：気力・体力	F6：経済的阻害	F10：道具・情報欠如	F14：身体的ストレス
	F7：人的資源欠如	F11：環境的阻害	F15：生きがい QOL

GFI=0.914, AGFI=0.863, CFI=0.912, RMSEA=0.076

Figure 4 阻害要因—身体活動セルフ・エフィカシー—MHP モデル

からのパス係数はすべて有意であり，目的変数であるメンタルヘルス（MHP）への間接効果はすべて有意であることが示された。そのため，促進要因の認知が高い場合，身体活動量が増加し，その結果として心理・社会・身体的なストレスが低減し，また，QOL が向上するという結果が示された。一方，阻害要因の認知が高い場合，身体活動量が低下し，その結果として心理・社会・身体的なストレスが増加し，また，QOL が低下するという結果が示された。この結果は，同時に各規定要因への介入の有効性を示しており，促進要因を向上させる働きかけや阻害要因を低下させる働きかけを行うことにより，身体活動量が増加し，その結果として，各種ストレスの低減及び QOL の向上が期待できることが示された。

　次に，規定要因を個別に分析した 2 つのモデル（Fig 3, Fig 4）の全体のモ

デルの適合度について検討を行ったところ，Fig 3 の「促進要因─身体活動
セルフ・エフィカシー─MHP モデル」においては，$GFI = 0.911$，$AGFI = 0.858$，$CFI = 0.927$，$RMSEA = 0.076$ であり，AGFI の値がやや低いものの，
基準値の 0.9 に近いこと，GFI，CFI，RMSEA の 3 種の各指標が基準値を満
たしていることから，統計学的にモデルの適合度は許容範囲内であると判断
した。さらに，Fig 4 の「阻害要因─身体活動セルフ・エフィカシー─
MHP モ デ ル」に お い て は，$GFI = 0.914$，$AGFI = 0.863$，$CFI = 0.912$，
$RMSEA = 0.076$ であり，こちらのモデルにおいても AGFI の数値がやや低
い値を示したが，0.8 後半であること，同領域の GFI が基準値を満たしてい
ること，GFI，CFI，RMSEA の 3 種の領域における適合度指標が基準値を
満たしていることから，統計学的にモデルの適合度は許容範囲内であると判
断した。これらの結果より，本研究における二つのモデルは，各変数間の関
係性を示すパス係数を個別に解釈する上で，信頼性及び妥当性を有するもの
であると考えられる。

　さらに，本研究における各因果モデルが，運動行動をもとにした身体活動
量により，メンタルヘルスに対してどれほど影響するのかという予測の可能
性を検討した。ここでは，潜在変数である身体活動セルフ・エフィカシーと
MHP の決定係数（R^2）を検討した。本モデルにおける決定係数（R^2）は，
モデル内において構成される因果の連鎖が有効であるか否かを判断するため
の指標となる（山津・堀内，2010）。本研究におけるモデルでは，Fig 3 におけ
る身体活動セルフ・エフィカシーの決定係数は，$R^2 = 0.29$（$p<0.01$）であり，
MHP は $R^2 = 0.15$（$p<0.01$）を示し，統計学的に有意な決定係数であること
が判明した。この数値は，身体活動セルフ・エフィカシーが 29 %，MHP
が 15 %の説明率であることを示しており，各潜在変数を説明する際には，
必ずしも高い説明率を有するモデルではないという結果となった。また，
Fig 4 における身体活動セルフ・エフィカシーの決定係数は，$R^2 = 0.13$
（$p<0.01$）であり，MHP は $R^2 = 0.16$（$p<0.01$）を示し，統計学的に有意な決定

係数であることが示された。この数値は，身体活動セルフ・エフィカシーが13％，MHP が16％の説明率であることを示しており，こちらのモデルも各潜在変数を説明する際には，必ずしも高い説明率を有するモデルではないという結果であった。

2) 因果モデルの各パス係数における評価

　最初に，各潜在変数から観測変数への影響性を示すパス係数を概観すると，Fig 2 の場合は，促進要因と MHP 間のパス（-0.13, *ns*）以外は，すべてのパス係数は有意であった。また，阻害要因から MHP への直接パス（0.15, *p*<0.05），身体活動セルフ・エフィカシーへの直接パス（-0.26, *p*<0.001）が示された。次に，促進要因からは，身体活動セルフ・エフィカシーへのパス（0.36, *p*<0.001）が示された。さらに，促進要因から身体活動セルフ・エフィカシーを媒介して MHP への間接効果は，-0.104（0.36 × -0.29）であり，阻害要因から身体活動セルフ・エフィカシーを媒介して MHP への間接効果は，0.075（-0.26 × -0.29）であり，各規定要因が身体活動を媒介して，メンタルヘルスを低減または向上させていることが示された。

　規定要因を個別に分析した場合，Fig 3 の促進要因と MHP 間のパス（-0.12, *ns*），Fig 4 の阻害要因と MHP 間のパス（0.14, *ns*）以外のパス係数はすべて 0.001％水準または 0.01％水準で有意であった。各パス係数の数値は，Fig 3 では，-0.31—0.92 の範囲であり，Fig 4 では，-0.32—0.92 であった。観測変数と潜在変数間での不等号で負の係数を示したのは，Fig 3 及び Fig 4 の MHP の下位尺度である F15 の「生きがい：QOL」のみである。これは，潜在変数である MHP の各下位尺度の F12 が「心理的ストレス」，F13 が「社会的ストレス」，F14 が「身体的ストレス」を示し，3 因子がネガティブな要因であるのに対して，F15 の「生きがい：QOL」だけがポジティブな因子であることから，分析結果のパス係数が負を示すことは当然であると解釈された。その他の潜在変数と観測変数間のパス係数は，すべて正

の数値を示しており，統計学的にも有意であることから，すべての観測変数が適切に潜在変数に寄与している構造が明らかとなった。

　次に，潜在変数間の因果関係について検討を行ったところ，Fig 3 の促進要因と MHP 間のパス（-0.12, *ns*），Fig 4 の阻害要因と MHP 間のパス（0.14, *ns*）以外のすべてのパス係数が 0.01 ％または 0.001 ％水準で有意であり，統計学的に意味のあるパス係数であることが明らかとなった。まず，Fig 3 の促進要因から身体活動セルフ・エフィカシーへ直接的な影響性を示すパス係数は 0.54（*p*<0.001）であり，運動行動を促進する規定要因を高く認知している場合，身体活動セルフ・エフィカシーも高く認知していることが判明した。また，促進要因から MHP への直接的な影響性を示すパス係数は -0.12（*ns*）であり，その影響性は統計学的に有意ではないことが判明した。また，促進要因の認知が高まると身体活動セルフ・エフィカシー（0.54, *p*<0.01）の認知も高まり，MHP（-0.31, *p*<0.001）が低減するという間接的な関係性についても統計学的に支持された。さらに，MHP の下位尺度を個別に検討した場合，促進要因から身体活動セルフ・エフィカシーを経由して，「心理的ストレス」「社会的ストレス」「身体的ストレス」は低減し，「生きがい：QOL」は向上することが分かった。さらに，間接的な関係における因果係数を乗算することにより表される「間接効果」は，-0.17（0.54 × -0.31）は認められたが，促進要因から MHP への直接効果（-0.12, *ns*）は認められなかった。従って，促進要因の MHP への直接効果は認められず，身体活動セルフ・エフィカシーを経由しての間接効果のみが本モデルでの有効性を示したことになる。つまり，運動行動の促進規定要因を強く認知し，身体活動セルフ・エフィカシーが高まることにより，身体活動量が増加し，その結果として心理・社会・身体的なストレスが低減し，QOL が向上することが，このモデルより推察された。本モデルから具体的な介入手段を検討する場合，促進要因における潜在変数と各観測変数間のパス係数が一つの指標となる。Fig 3 に見られるように，観測変数の中でも，「メンタルヘルス（0.78）」「社

会的承認（0.68)」「ライフスタイル構築（0.62)」「コミュニケーション（0.58)」
「健康生活（0.55)」のパス係数が高い数値を示したことから，潜在変数であ
る促進要因の構成要因として，これらの各観測変数の特性が高く寄与してい
ることが推察される。そのため，これらの各要因の認知的な改善を意図した
具体的方略を考案することにより，効果的に運動行動を促進し，メンタルヘ
ルスの改善を図れることが推察された。

　さらに，Fig 4 の阻害要因から身体活動セルフ・エフィカシーへ直接的な
影響性を示すパス係数は -0.36（$p<0.001$）であり，運動行動を阻害する規定
要因が高い場合，身体活動セルフ・エフィカシーの認知が低減することが判
明した。また，阻害要因から MHP への直接的な影響性を示すパス係数は
0.14（*ns*）であり，その影響性は統計学的には認められなかった。また，阻
害要因から身体活動セルフ・エフィカシーを介して MHP への間接的な関係
性を示すパス係数を乗算することにより表される「間接効果」は，0.12
（-0.36 × -0.32）であることから，運動行動を阻害する要因を高く認知してい
る場合，身体活動セルフ・エフィカシーが低減し，その結果としてストレス
反応を高め，QOL を低下させていることが示された。「阻害要因—身体活動
セルフ・エフィカシー—MHP モデル」を総括すると，阻害要因から MHP
への直接効果は認められず，身体活動セルフ・エフィカシーを経由しての間
接効果のみが有効であることが認められた。従って，運動行動を阻害する規
定要因を強く認知すると，身体活動量が低下し，その結果として心理・社
会・身体的なストレスは増加し，QOL が低化するという解釈が成り立ち，
運動行動の低下と伴にメンタルヘルスの低下が起こることが，本モデルから
も示された。このモデルが示すメンタルヘルス改善のための具体的な介入方
略として，阻害要因を示す潜在変数と各観測変数との間のパス係数が一つの
指標になると考えられる。Fig 4 が示すように，「道具・情報欠如（0.69)」
「施設欠如（0.64)」「環境的阻害（0.62)」「経済的阻害（0.54)」「仲間不足
（0.51)」の各観測変数が，比較的高いパス係数を示したことから，潜在変数

としての阻害要因の特性に，これらの要因が強く寄与していることが推察される。そのため，各要因の認知的変容を意図した介入方略を検討することにより，身体活動セルフ・エフィカシーを媒介変数とした効果的なメンタルヘルスの改善につながることが推察された。

　以上，Fig 2，Fig 3 及び Fig 4 に示された因果モデルの検証結果は，概ね各潜在変数間を示すモデルとしての適合性を示し，その解釈上の意義が認められた。しかし，本研究におけるモデルの構築は，横断的なデータ収集により検討したものであるため，自ずとその解釈には限界がある。そのため，今後は，時期の変動や介入の有無などによる縦断的な調査をもとにした分析を行い，結果の詳細を検討する必要がある。

　また，今回，Fig 2，Fig 3，Fig 4 で共分散構造分析を行ったモデルは，分析の構造上，パスの方向性を逆方向に向けても，適合度指数及びパス係数が等しくなるという特徴が見られる。本研究で行った分析のプロセスでは，促進要因及び阻害要因を規定要因とし，身体活動セルフ・エフィカシーを媒介変数とし，MHP を従属変数とすることを前提に，仮説モデルを作成したため，パスの方向性を固定した形での分析を行っている。つまり，パスの方向性を変えることにより，モデルの解釈が異なってくる可能性があることも念頭に置き，分析結果の解釈を進める必要がある。そのため，今後は，共分散構造分析を行う上で，時系列別のモデルを作成し，仮説モデルに投入する変数が，時系列ごとに順序立てて並ぶことが出来るように工夫し，確固としたモデルの検討が行えるようにしたいと考える。

5-5：まとめ

　本研究では，共分散構造分析を用いて，運動行動の規定要因 2 種類（促進要因及び阻害要因）と媒介変数の身体活動セルフ・エフィカシーによる目的変数であるメンタルヘルス（心理的ストレス・社会的ストレス・身体的ストレス・

QOL) の検討を行った。分析の際には，規定要因を2つ投入した場合と，各種の規定要因に分けた場合との3つのモデルにて検討を行った。

　個別に分析を行った場合，メンタルヘルスと運動行動規定要因に関する2つのモデルでは，適合性の確認及びモデルのパス係数による一定の説明力が確認された。これらの結果から，運動行動を促進させる規定要因を強く持つ者は，身体活動セルフ・エフィカシーが高まることにより，ストレスを低減させ，QOL を向上させていることが推察された。また，媒介変数としての身体活動セルフ・エフィカシーの有用性が示され，各運動行動の規定要因が，実際の身体活動量に影響し，その結果としてメンタルヘルスへ影響していることも推察された。

　一方，運動行動を阻害させる規定要因を強く持つ者は，身体活動セルフ・エフィカシーを低減させ，その結果として，ストレス認知を高め，QOL を低下させていることも推察された。さらに，このモデルにおいても身体活動セルフ・エフィカシーが媒介変数として有効であることが示された。Bandura（1997a；1997b）によると，セルフ・エフィカシーを高める4つの要素として，「達成体験・成功経験」「代理経験・モデリング」「言語的説得・言語的励まし」「生理的・情緒的高揚・気分の高揚感」が重要であると言う。現在まで，学校体育や健康教室，商業スポーツ施設におけるスポーツ臨床の現場では，指導者は経験的に上記の4つの要素を含んだ指導法を導入していた。しかし，これらは必ずしもすべての指導者の意識レベルに上っていたとは言い切れない。そこで今後は，指導者が対象者の身体活動セルフ・エフィカシーを高める4つの要素を強く意識した運動プログラムを作成することにより，より参加者の運動行動の定着化・習慣化が図れる可能性がある。とりわけ，本研究の対象者は大学生であることから，大学における体育授業や健康運動プログラムを推進する上では，これらの要素を強調することは，一斉教育の中で効果的に指導力が発揮される可能性がある。今後は，促進要因尺度及び阻害要因尺度の各因子に対して，クラスター分析を行い，各尺度の下

位因子ごとのカテゴライズを行うことにより，介入方法の方策の違いを考慮する必要がある。さらに，共分散構造分析による高次因子分析を用いることにより，尺度のクラスターや階層性を詳細に検討することにより，より効果的な介入方法について検討が可能となる。さらに，身体活動セルフ・エフィカシーとの関連性を分析することにより，より体育現場に接近した指導方法や健康プログラムの運営方法について検証したいと考える。

　しかし，本研究は，あくまで横断的な研究デザインによる調査・分析を主体としているため，自ずと分析結果の解釈には限界がある。今後は，行動指標等を用いた縦断的要素を踏まえたデザインでの研究の推進が必要である。また，本研究では，大学生を調査対象者としたが，小・中・高校生や中高年者など，対象者の年齢層が異なることにより，個人の持つ社会的・環境的な要因も異なることが予測される。そのため，正確なアセスメントを行うには，促進要因・阻害要因尺度とも各年齢層に対応した，項目内容の再検討及び尺度の信頼性・妥当性の再分析が必要である。近年，行動科学における知見を用いた運動プログラムが実践されており，一定の成果が見込まれている。竹中（2002）は，行動科学の知見に基づく行動変容技法を用いた健康推進プログラムを積極的に展開し，参加者の運動行動の継続化成功に伴う，生理的な変化（コレステロール値の低下等）にも成果が上がったことを報告している。また，岡他（2005）では，トランスセオレティカル・モデルを活用してのプログラムが，高齢者の運動行動の促進につながったことを示している。上地他（2002）や上地他（2003）は，同様に小学生を対象とした基礎研究において，トランスセオレティカル・モデルによる心理的要因と身体活動量との関係性を報告している。今後は，今回の研究対象者とした大学生を被験者に，行動変容に有効であると想定される指標を基に体育授業の内容を構成し，青年期・壮年期での健康維持・増進，生活習慣病予防を目的とした運動行動の維持及び継続化を図り，就労前の健康教育として位置づけた大学体育の授業を展開して行きたいと考える。

第6章：大学体育による心理的効果

6-1：効用認知とストレス反応

　第2章から第5章では，大学生を対象に身体活動及び運動行動の全般について，その規定となる要因を探索的に検討した。さらに，それらの規定要因とメンタルヘルスとの関係性についての分析を行った。その結果，運動行動を促進する要因の増加，阻害する要因の低下により，運動行動が維持・増進し，その結果として，メンタルヘルスに対して有効に機能することが示された。そのため，実際の大学体育の授業現場に焦点を絞り，運動行動とメンタルヘルスとの関係性について検討した場合，実際の授業内における運動の効用性が認められるかどうかを検討する必要がある。

　現在までの先行研究では，一過性の運動前後での気分・感情の変化を測定した場合，比較的低いレベルや高いレベルでの運動，また，主観的に快適と感じるペース（快適自己ペース）の運動や自主的にレベルを設定した運動の場合，気分・感情がポジティブに変容したという報告がある（竹中他，2002；荒井他，2001；荒井他，2002；橋本他1992，橋本，1992；橋本他1998）。しかし，現在まで，大学体育の授業場面を想定し，大学生が授業に参加することにより，どのような効用があり，メンタルヘルスに対して影響するのかという検討は行われていない。そのため，大学体育を効果的に推進して行く上で，指導者が参加者に対して強調する内容や指導上の留意点などを意識して授業を推進させるためには，参加者の授業への効用認知とメンタルヘルスとの関係を明らかにする必要がある。そこで，本研究では，第2章から第5章において行った基礎研究をもとに，大学体育への応用性を検討するために，大学体

育における実技授業の場面に特化した効用認知とストレス反応についての検
討を行った。

6-2：研究の目的

　本研究では，大学体育の授業における効用認知及び体育授業特有のストレ
ス反応を測定する心理尺度の開発を目的とした。測定尺度の作成において
は，30 項目からなる「大学生版体育授業用効用認知尺度」の原案，また，
32 項目からなる「大学生版体育授業用ストレス反応尺度」の原案を用いた。
原案を作成するに当たっては，自由記述式の予備調査を行い，それぞれ体育
授業に特化した項目をプールした。さらに，各尺度の原案における因子構造
を分析し，抽出された各下位尺度の信頼性及び尺度全体の妥当性を検討する
ことにより，最終的に大学生が経験する体育授業の効用認知とストレス反応
を評価するための心理尺度の作成を行った。また，大学生が体育の授業に参
加することによって，体育授業の効用を如何に認知しており，また，どのよ
うに体育授業内のストレス反応に影響を及ぼしているかを検討するために，
大学生版体育授業用効用認知尺度と大学生版体育授業用ストレス反応尺度の
各下位尺度の関連性について検討を行うことを目的とした。

6-3：研究の方法

1）調査時期
　調査は，2009 年 4 月に実施した。

2）調査対象者
　大学の体育実技科目を履修している，または，過去に大学の体育実技科目
を履修した経験のある大学生 336 名（男子 172 名，女子 164 名，平均年齢 19.63

歳，$SD=1.18$）を対象者とした。なお，調査を実施した大学のカリキュラム
では，体育実技科目は選択科目であり，卒業の必須条件として組み込まれて
いる訳ではなかった。卒業単位としては，あくまで自由選択科目として，卒
業単位の 124 単位の中に 1 単位として算入されるだけであり，体育実技を履
修した学生は，あくまで自主的に選択科目として履修していた。

3）調査方法

　調査は，質問紙法を用い，集合調査法にて実施した。回答に要する時間は
概ね 10 分から 15 分程度であった。

　なお，質問紙調査を実施するにあたっての倫理的な配慮として，フェイス
シートに，回答の自由が保障されていること，回答しないことによる不利益
を被ることは一切ないこと，採取したデータは，研究以外には一切使用しな
いこと，個人を特定したデータを問題にすることは無いことを文章にて明記
した。さらに，調査の際には，口頭においても同上の説明を行った。

　また，調査用紙は，無記名式で実施し，回答者の個人が特定されることが
無いよう，個人情報保護の観点からの研究倫理上の配慮を十分に行った上で
調査を実施した。

4）調査内容

（1）フェイスシート

　個人の基本的属性を把握するために，性別，所属学部，在籍学年，年齢，
大学で履修した体育実技科目について回答を求めた。

（2）大学生版体育授業用効用認知尺度

　調査項目を策定する上で，自由記述式の予備調査を行った。自由記述式の
調査の折には，大学体育に参加することによる効用（良い点）について記述
するよう依頼し，その結果を項目としてプールした。また，徳永・橋本

（1980）の体育授業の「運動の楽しさ」尺度，藤田（2009）の体育授業における動機づけ尺度を参考に，大学生を対象とした体育授業用効用認知を多面的に測定するための項目を収集し，大学生が文意を解釈し易いように項目の文章を推敲した。これらの質問項目をすべて合わせた中から，再度項目の選定を行い，さらに文章の推敲を行った。項目の選定及び推敲は合議制にて行い，スポーツ心理学を専門とする大学の教員及び心理学を専攻している学生6名にて実施した。最終的には，大学生版体育授業用効用認知尺度（Effective Cognition Scale for University Physical Education Classes；以下，ECSUPEC と略）の項目として 30 項目を設けた。質問紙への回答方法は，「あなたが大学のスポーツ授業に参加することによって…」と質問の項目の回答意図を明確にするための教示文を明記し，5 件法（1：全くそう思わない〜5：とてもそう思う）により回答を求めた。

（3）大学生版体育授業用ストレス反応尺度

　調査項目を策定する上で，自由記述式の予備調査を行った。自由記述式の調査の折には，大学体育に参加することによってストレスになること及びそれに伴う心理的・身体的・行動的な反応について記述するよう依頼し，その結果を項目としてプールした。また，佐々木（1999）の体育の授業における心理的ストレス反応尺度を参考に，大学生を対象とした体育授業において特有のストレス反応を多面的に測定するための項目を集め，大学生が文意を解釈し易いように項目文の推敲をした。特に，自由記述項目は，ストレッサ―の要素を多分に含む項目が整理され，ストレッサ―から導かれるストレス反応への変換に配慮しながら項目文の推敲を行った。これらの作業は合議制にて行い，スポーツ心理学を専門とする大学の教員及び心理学専攻している学生6名にて実施した。最終的には，大学生版体育授業用ストレス反応尺度（Stress Response Scale for University Physical Education Classes；以下，SRSUPEC と略）の項目として 32 項目を設けた。質問紙の回答方法として，「あなたが

大学のスポーツ授業に参加することによって…」と教示文を明記し，5件法
（1：全くそう思わない〜5：とてもそう思う）により回答を求めた。

5）分析方法

（1）ECSUPEC 及び SRSUPEC の開発

　大学生の体育授業における効用認知に関する原案 30 項目，大学生の体育
授業におけるストレス反応に関する原案 32 項目に対して，最尤法・Pro-
max 回転による探索的因子分析（Exploratory Factor Analysis：以下，EFA と
略）を行った。また，EFA によって抽出された両尺度の各因子の信頼性を
検討するために Cronbach's α 係数を算出した。さらに，尺度の構成概念妥
当性を検討するために，EFA によって構成された因子構造に基づいて，最
尤法による検証的因子分析（Confirmatory Factor Analysis：以下，CFA と略）
を行った。

（2）ECSUPEC 及び SRSUPEC の因果関係の検討

　ECSUPEC の各下位尺度が，SRSUPEC の各下位尺度に与える影響性を検
討するために，SRSUPEC の各下位尺度を従属変数とし，ECSUPEC の各下
位尺度を独立変数とした強制投入法による重回帰分析を行った。

6-4：研究の結果

1）ECSUPEC の探索的因子分析の結果

　EFA の結果，ECSUPEC において，5因子（各4項目）の合計 20 項目が
抽出された（Table 1）。
　第1因子は，「スポーツの授業に参加すると，体脂肪が減る」等を問う項
目群から構成されているため，「ダイエット効果：Diet Effect」と命名した。
　第2因子は，「スポーツの授業に参加すると，友だちを作ることができる」

Table 1　大学生版体育授業用効用認知尺度（ECSUPEC）

下位尺度	因子負荷量				
	1	2	3	4	5
F1：ダイエット効果（α＝0.880）					
X19 スポーツの授業に参加すると，体脂肪が減る	0.94	-0.03	-0.04	0.01	0.00
X21 スポーツの授業に参加すると，減量できる	0.89	-0.02	-0.01	-0.04	0.09
X20 スポーツの授業に参加すると，体がしまる	0.82	0.02	0.08	0.04	-0.13
X23 スポーツの授業に参加すると，カロリーを消費できる	0.59	0.08	0.15	-0.02	0.05
F2：対人関係促進（α＝0.905）					
X16 スポーツの授業に参加すると，友だちを作ることができる	-0.02	0.98	-0.06	0.01	-0.12
X14 スポーツの授業に参加すると，仲間と一緒に楽しむことができる	-0.06	0.86	0.01	0.00	0.03
X17 スポーツの授業に参加すると，知り合いが増える	-0.01	0.80	0.04	-0.02	0.10
X18 スポーツの授業に参加すると，他者と深く付き合うことができる	0.21	0.56	0.00	0.00	0.01
F3：気分の向上（α＝0.905）					
X30 スポーツの授業に参加すると，気分が良くなる	0.02	-0.01	0.85	0.03	-0.05
X29 スポーツの授業に参加すると，達成感を味わうことができる	0.11	-0.05	0.83	-0.01	-0.01
X25 スポーツの授業に参加すると，楽しみが増える	0.01	0.06	0.78	0.01	-0.01
X28 スポーツの授業に参加すると，爽やかな気分になる	0.05	-0.04	0.78	-0.02	0.07
F4：生活習慣改善（α＝0.814）					
X1 スポーツの授業に参加すると，寝つきが良くなる	0.00	-0.01	-0.09	0.82	0.00
X5 スポーツの授業に参加すると，目覚めが良くなる	0.06	-0.06	-0.04	0.79	0.03
X3 スポーツの授業に参加すると，ご飯がおいしく感じる	0.00	0.00	0.17	0.60	0.00
X2 スポーツの授業に参加すると，ぐっすり眠れる	-0.08	0.11	0.06	0.56	-0.02
F5：運動能力の向上（α＝0.901）					
X10 スポーツの授業に参加すると，持久力が向上する	0.01	-0.09	-0.05	-0.02	1.02
X9 スポーツの授業に参加すると，体が軽くなる	0.00	0.04	-0.01	0.06	0.71
X11 スポーツの授業に参加すると，動きが機敏になる	-0.08	0.16	0.16	-0.02	0.70
X8 スポーツの授業に参加すると，体のキレがよくなる	0.05	0.25	-0.08	0.08	0.57

	因子間相関				
	1	2	3	4	5
F1		0.39	0.70	0.39	0.39
F2			0.44	0.47	0.71
F3				0.52	0.53
F4					0.60
F5					

教示文：「あなたが大学のスポーツ授業に参加することについて…」という文脈で回答して下さい。

等を問う項目群から構成されているため，「対人関係促進：Promotion for Interpersonal Relationship」と命名した。

第3因子は，「スポーツの授業に参加すると，気分が良くなる」等を問う項目群から構成されているため，「気分の向上：Improvement of Feelings」と命名した。

第4因子は，「スポーツの授業に参加すると，寝つきが良くなる」等を問う項目群から構成されているため，「生活習慣改善：Lifestyle Improvement」と命名した。

第5因子は，「スポーツの授業に参加すると，持久力が向上する」等を問う項目群から構成されているため，「運動能力の向上：Improvement of Exercise Ability」と命名した。

また，各因子の Cronbach's α 係数の値（$\alpha = 0.814\text{-}0.905$）から，ECSUPEC の各因子は，一定の信頼性を有していると判断した。

次に，CFA の結果，モデルの適合度指標は，$GFI = 0.899$，$AGFI = 0.867$，$CFI = 0.955$，$RMSEA = 0.063$ であり，得られた適合度指標の数値から，ECSUPEC の構成概念妥当性は許容範囲内の適合性を示したと判断した。

2) SRSUPEC の探索的因子分析の結果

EFA の結果，SRSUPEC において，4因子（各4項目）の合計 16 項目が抽出された（Table 2）。

第1因子は，「スポーツの授業に参加すると，根気がなくなる」等を問う項目群から構成されているため，「情動的反応：Emotional Stress Response」と命名した。

第2因子は，「スポーツの授業に参加すると，やる気がなくなる」等を問う項目群から構成されているため，「心理的反応：Psychological Stress Response」と命名した。

第3因子は，「スポーツの授業に参加すると，勉強するのが嫌になる」等

Table 2　大学生版体育授業用ストレス反応尺度（SRSUPEC）

下位尺度	因子負荷量			
	1	2	3	4
F1：情動的反応（α＝0.915）				
X31 スポーツの授業に参加すると，根気がなくなる	0.97	0.00	-0.03	-0.02
X32 スポーツの授業に参加すると，複雑なことを考えられなくなる	0.83	0.00	0.05	0.04
X30 スポーツの授業に参加すると，柔軟な思考ができなくなる	0.82	0.00	0.01	0.01
X29 スポーツの授業に参加すると，注意散漫になる	0.71	0.10	0.09	-0.07
F2：心理的反応（α＝0.931）				
X10 スポーツの授業に参加すると，やる気がなくなる	-0.03	0.98	-0.06	-0.02
X11 スポーツの授業に参加すると，気分が落ち込む	0.01	0.84	0.10	-0.07
X09 スポーツの授業に参加すると，不快な気分になる	0.03	0.74	0.03	0.13
X12 スポーツの授業に参加すると，不安を感じる	0.10	0.71	0.02	0.00
F3：行動的反応（α＝0.804）				
X22 スポーツの授業に参加すると，勉強するのが嫌になる	-0.03	0.13	0.81	0.01
X24 スポーツの授業に参加すると，何をするのも面倒くさくなる	0.00	0.06	0.80	-0.02
X20 スポーツの授業に参加すると，言葉遣いが荒くなる	0.11	-0.15	0.56	0.15
X23 スポーツの授業に参加すると，独りになりたくなる	0.09	0.11	0.53	-0.05
F4：身体的反応（α＝0.771）				
X02 スポーツの授業に参加すると，疲れやすくなる	0.03	0.08	-0.14	0.80
X01 スポーツの授業に参加すると，体が痛くなる	0.02	-0.09	0.08	0.75
X03 スポーツの授業に参加すると，眠くなる	-0.11	-0.07	0.15	0.60
X08 スポーツの授業に参加すると，息があがる	0.03	0.21	-0.01	0.46

	因子間相関			
	1	2	3	4
F1		0.68	0.66	0.39
F2			0.70	0.42
F3				0.43
F4				

教示文：「あなたが大学のスポーツ授業に参加することについて…」という文脈で回答して下さい。

を問う項目群から構成されているため，「行動的反応；Behavioral Stress Response」と命名した。

　第4因子は，「スポーツの授業に参加すると，疲れやすくなる」等を問う項目群から構成されているため，「身体的反応；Physical Stress Response」と命名した。

また，各因子の Cronbach's α 係数の値（α = 0.771-0.931）から，SRSU-PEC の各因子は，一定の信頼性を有していると判断した。

次に，CFA の結果，モデルの適合度指標は，GFI = 0.907，$AGFI$ = 0.871，CFI = 0.947，$RMSEA$ = 0.077 であり，得られた適合度指標の数値から SR-SUPEC の構成概念妥当性は許容範囲内の適合性を示したと判断した。

3）ECSUPEC 及び SRSUPEC の因果関係の検討

ECSUPEC が SRSUPEC に及ぼす影響性を検討するために，SRSUPEC の各下位尺度を従属変数とし，ECSUPEC の各下位尺度を独立変数とした，強制投入法による重回帰分析を行った。分析によって得られた重決定係数（R^2）及び標準偏回帰係数（β）を示したものが Table 3 である。

重相関係数（R）は，「情動的反応」，「心理的反応」，「行動的反応」の各下位尺度において 0.1% 水準で有意であり，「身体的反応」においては，1% 水準で有意であった。さらに，重決定係数（R^2）の値が 0.03—0.19 の範囲であったことから，本調査において抽出された ECSUPEC の 5 下位尺度の分散は，各ストレス反応の下位尺度の分散の約 3—19 % を説明していることを示した。また，統計的に有意である標準偏回帰係数（β）の値は，ストレス反応の下位尺度である「情動的反応」においては，「ダイエット効果」（β = 0.161，$p<0.01$），「対人関係促進」（β = -0.340，$p<0.001$），「運動能力の向上」（β = -0.140，$p<0.05$）の各独立変数が有意な影響性を示した。同様に，「心理的反応」においては，「対人関係促進」（β = -0.138，$p<0.01$），「気分の向上」（β = -0.363，$p<0.001$）の有意な影響性が示された。また，「行動的反応」では，「対人関係促進」（β = -0.152，$p<0.01$），「気分の向上」（β = -0.255，$p<0.001$）の有意な影響性が示され，「身体的反応」では，「ダイエット効果」（β = -0.140，$p<0.05$），「気分の向上」（β = -0.193，$p<0.01$）の各独立変数が有意な影響性を示した（Table 3）。

Table 3 重回帰分析の結果

	ストレス反応			
	情動的反応	心理的反応	行動的反応	身体的反応
R (R^2)	$0.38(0.14)^{***}$	$0.43(0.19)^{***}$	$0.36(0.13)^{***}$	$0.19(0.03)^{**}$
	標準偏回帰係数 (β)			
F1：ダイエット効果	0.161^{**}	0.071	0.084	0.140^{*}
F2：対人関係促進	-0.053	-0.138^{**}	-0.152^{**}	-0.014
F3：気分の向上	-0.340^{***}	-0.363^{***}	-0.255^{***}	-0.193^{**}
F4：生活習慣改善	0.042	0.036	0.085	0.013
F5：運動能力の向上	-0.140^{*}	-0.017	-0.107	-0.006

$^{*}p<0.05$ **, $p<0.01$ ***, $p<0.001$

6-5：研究の考察

1) ECSUPEC の開発

　ECSUPEC の尺度開発を行うにあたり，EFA を行った結果，5 因子 20 項目（各因子 4 項目）が抽出された。各項目の因子負荷量，各因子の信頼性係数は統計学的にも十分であった。また，尺度の構成概念妥当性を示す適合度指標も許容範囲内であると判断された。これらの結果を総合的に検討したところ，一定水準の信頼性と妥当性を兼ね備えた，大学生版の体育授業の効用認知を測定する心理尺度が開発された。

　第 1 因子の「ダイエット効果」は，スポーツの授業に参加することによって，身体的な効果を認知することができる項目内容で構成されている。谷本（2007）によると，体育講義がダイエット効果にも繋がり，更に精神的にも前向き・意欲的にもなったことが報告されている。これらの先行研究及び本研究の結果から，大学生が体育授業に参加することにより，運動したことを実感し，ダイエットの効果を認知していること，また，授業に対して，ダイエットの効果を期待していることが推察された。そのため，本下位尺度から，大学生の場合，体育授業を行うことで，身体的な恩恵を得られるという

効用を認知していることが推察された。

　第2因子の「対人関係促進」は，スポーツの授業に参加することにより，友だちとの交流が図れるなど，対人関係の円滑化を基本とした項目内容で構成されている。杉山（2008）の先行研究によると，体育の授業を通してコミュニケーション能力が向上したことが報告されており，また，体育授業で行う集団スポーツ活動には，成員間の相互作用の機会が多くもたらされることが予測されるため，ソーシャルサポート源の形成やピア・サポーターの獲得にも最適の場であることも報告されている（渋倉・小泉，2003）。そのため，本下位尺度から，大学生の場合，体育授業に参加することにより，対人関係を円滑にし，他の学生とのコミュニケーションの機会が得られるという効用性を認知していることが推察された。

　第3因子の「気分の向上」は，スポーツの授業に参加することにより，気分が向上するという項目内容で構成されている。運動には，不安低減効果（Petruzzello et al., 1991；Scully et al., 1998），抑うつ低減効果（North & Tram, 1990, Scully et al., 1998），ストレス解消効果（Scully et al., 1998），自尊感情向上（Sonstroem, 1984；Fox, 2000）の効果があることが報告されている。また，藤田（2009）の先行研究においても「取り入れ的調整」という，運動行動を通して気分が向上するという因子が抽出されている。このことからも，本研究における尺度の構成因子として，大学生が体育授業に参加することによって，高揚感や爽快感を体験し，気分向上の効果を認知していることが推察される。そのため，今後，介入前後において，本下位尺度の変容により，体育授業による，気分の向上を意図した効用認知の測定が可能であることが推察された。

　第4因子の「生活習慣改善」は，スポーツの授業に参加することによって，生活習慣の改善が図れることを意図した項目内容で構成されている。藤田（2009）の先行研究においては，「同一化的調整」という，心身の健康のためには運動を行う方が良いという因子が抽出されている。この研究の報告

では，運動には，身体的な効果や生理学的な効果があり，体育授業に参加することにより，目覚めが良くなり，寝つきがよくなることなどが主な要因であると考察している（藤田，2009）。また，健康に関連した QOL の改善（Rejeski et al.，1996）や QOL の向上（上野・中込，1998）にも効果があることが報告されている。そのため，本下位尺度から，大学生が体育授業に参加することによって，生活習慣を改善することを期待しており，体育授業による身体活動の効用性を認知していることが推察された。

　第 5 因子の「運動能力の向上」は，スポーツの授業に参加することにより，運動能力が向上するという項目内容で構成されている。木内他（2006）によると，大学の初年次体育授業において，健康教育プログラムを行った結果，大学生の身体活動量が増加したことが報告されている。そのため，体育授業への参加者自身が，運動に関する能力が向上したのを自覚していること，または，向上することを期待していることが推察された。そのため，本下位尺度が構成された結果から，大学生が体育授業を行う上では，運動能力の向上に対する期待及び効用性が認知的な要因となっていることが推察された。

2）SRSUPEC の開発

　SRSUPEC の尺度開発を行うにあたり，EFA を行った結果，4 因子 16 項目（各 4 項目）が抽出された。各項目の因子負荷量，各因子の信頼性係数は統計学的にも十分であった。また，尺度の構成概念妥当性を示す適合度指標も許容範囲内であると判断された。これらの結果を総合的に検討したところ，一定水準の信頼性及び妥当性を兼ね備えた，大学生の体育授業特有のストレス反応を測定するための心理尺度が開発されたと考えられる。

　第 1 因子の「情動的反応」は，スポーツの授業に参加することによって，情動性や認知機能が低下してしまうという項目内容で構成されている。第 2 因子の「心理的反応」は，スポーツの授業に参加することによって，抑うつ

や不安などのネガティブな心理的反応を引き起こすという項目内容で構成されている。第3因子の「行動的反応」は，スポーツの授業に参加することによって，ネガティブな行動的反応を引き起こすという項目内容で構成されている。第4因子の「身体的反応」は，スポーツの授業に参加することにより，ネガティブな身体的反応を引き起こすという項目内容で構成されている。これらの下位尺度は，佐々木（1999）の先行研究において，中学生が体育学習を行う際に表出するストレス反応の分析においても同様の因子が抽出されている。そのため，大学生の体育授業への参加においても，構造的には類似したストレス反応尺度であることが示唆された。今後は，個人の意志とは関係なく，義務教育の中で実施されている体育授業への受動的な参加によって誘発されるストレス反応と，選択制の体育授業という，自らの意志によって能動的に参加した際に誘発されるストレス反応とに分け，被験者のカテゴリー別（選択体育への参加者・必修体育への参加者）の比較検討及びインパクトの強さについて検討する必要がある。この問題は，特に大学の体育授業においても，必修化すべきか，または自由選択制にするべきかという，カリキュラム・ポリシーを検討する上で，高等教育機関における教育学上の議論とも深く関係することから，今後も引き続き研究を続けて行く必要がある。

　以上，本研究で作成された体育授業用効用認知尺度（ECSUPEC）及び体育授業用ストレス反応尺度（SRSUPEC）は，大学生の体育授業におけるストレスマネジメント効果を測定する指標として有効であることが推察された。

3）ECSUPEC と SRSUPEC の因果関係の検討

　ECSUPEC の各下位尺度を独立変数とし，SRSUPEC の各下位尺度を従属変数とした強制投入法による重回帰分析を行った結果，Table 3 に見られる結果が得られた。これらの結果から，特定の体育授業における効用認知の下位尺度が，特定の大学生の体育授業用ストレス反応の下位尺度に影響していることが明らかになった。つまり，ECSUPEC に対する認知の違いによっ

92

て，低減もしくは増幅される SRSUPEC の下位尺度の種類が異なることが示唆された。以下，独立変数を基本に，従属変数別の影響性について，統計的に有意だった変数の考察を行った。まず，「ダイエット効果」では，「情動的反応」，「身体的反応」に有意な正の標準化偏回帰係数が得られた。この結果，ダイエットを高く認知している場合，情動的ストレス反応及び身体的ストレス反応を増幅させている可能性が示唆された。つまり，ダイエットを期待して体育授業に参加している場合には，返ってストレス反応を高めているということになる。この場合，本来，運動が苦手であるにも関わらず，体育授業のダイエット効果を過剰に期待して参加している学生もいることが予測され，予めダイエット効果を強く期待している参加者には，授業内での身体活動の質や量などを適度に保つように配慮する必要があると考えられる。また，授業前にダイエット効果に関する理論的な説明を行い，参加者の科学的な知識を高めておくことも重要であると考える。今後は，さらに身体組成的なデータや運動習慣などのデータと合わせて詳細に検討していく必要がある。

　また，「対人関係促進」では，「心理的反応」，「行動的反応」に有意な負の標準化偏回帰係数が得られた。つまり，対人関係促進を期待して体育授業に参加している場合，心理的反応及び行動的反応を低下させていることが推察される。この結果は，他の大学内における講義科目内では，対人関係を促進させるためのインタラクションの機会が持てないことが予測されるが，一方，大学体育においては，アクティブ・ラーニングとしての効用性が実証されたことが推察される。また，行動反応の低下により，大学という組織自体への適応や行動に対する動機づけの向上などが推察される。今後は，縦断的な研究方法を用いた調査を実施することにより，授業内において得られた友人の数やコミュニケーションの頻度などとの関係を検証し，大学体育における人間関係の促進状況を実証化して行きたいと考える。

　次に，「気分の向上」では，「情動的反応」，「心理的反応」，「行動的反応」，

「身体的反応」の全部のストレス反応に対して，有意な負の標準化偏回帰係数が認められた。そのため，気分の向上を期待して大学体育に参加している場合，多くのストレス反応に低減効果を示すことが推察された。体育の授業には，気分転換を目的として参加している学生も多く，この点について，本研究における結果の解釈は容易であり，納得できるものである。特に，一過性の運動により気分・感情が変化し，有酸素系の運動及び強度の高い運動においても，心理的な要因は，ポジティブに変容するという研究成果が示されている（荒井他，2003）。今後は，大学における1時間の授業が，一過性の気分・感情変化に対して，どの程度ポジティブに影響する可能性があるかについても分析し，メンタルヘルスの維持・増進に必要な身体活動の種類・強度・時間等を合わせて検討する必要がある。

　さらに，「運動能力の向上」では，「情動的反応」にのみ有意な負の標準化偏回帰係数が得られた。そのため，運動能力を向上させることを期待して授業に参加している場合には，情動的反応を低下させていることが推察された。これは，運動能力の向上を期待して体育授業に参加している学生の場合，一心不乱に課題となる運動に取り組んでいることが予測される。そのため，情動的反応に最も影響するドーパミンやエンドルフィンなど，運動による脳内の神経伝達物質の分泌が影響していることも推測される。特に有酸素運動量が増加することにより，情動反応はポジティブに変容することが推察されるため，今後は，生理的な指標とも合わせて検討を試みる必要がある。ただし，心理学の研究領域においては，被験者に対して侵襲性の高い方法での測定の実施が困難であることは否めず，研究の限界があることも考慮する必要がある。今後は，神経科学や生理学の研究領域の専門家とのコラボレーションによる研究方法の開拓等も必要である。

　最後に，本研究の結果では，第4因子の「生活習慣改善」においては，有意な標準化偏回帰係数は得られなかった。大学生の場合，自由な時間が増加し，一人暮らしを始めるなど，生活習慣が高校時代と比べて不規則になる学

生も少なくない。しかし，今回の場合，必修科目として体育の授業を履修している学生の割合は，必ずしも多いとは言えないため，生活習慣の改善が本当に必要な学生が参加していなかった可能性も考えられる。そのため，今後は，生活習慣を測定する指標と合わせて検討を行うことにより，より詳細な分析及び考察が可能になると考える。

6-6：まとめ

　本研究の結果より，大学生の体育授業用効用認知の各下位尺度に対する認知の度合いにより，大学体育を受講する際のストレス反応が増幅したり，軽減したりすることが示唆された。また，効用認知の種類が異なるとストレス反応も異なることが示唆された。これらの結果からは，大学体育の授業においては，概ね授業の目当てを明確に説明し，運動による心理・身体・社会的な効用性について説明することにより，体育授業におけるストレス反応を低減させられる可能性が推察された。橋本（2006）は，運動やスポーツ活動は，「今日の学生の心身の問題に対処するための有効な手段である可能性を有している」と提言している。また，大学生の不適応問題の予防策として，体育の授業が挙げられており（渋倉他，2003），体育の授業やスポーツ活動を通じて，生活習慣改善や対人関係の構築などを日常場面に般化させることの有効性が示唆されている。そのため，これらの先行研究は，本研究における両下位尺度間の関係性の分析結果を支持したものと考えられる。

　また，本研究における効用性を測定する尺度（ECSUPEC）によるアセスメントの活用により，授業の展開方法や対象者へのアプローチ方法の準備性などが想定できる。体育授業における教師の指導上の言動・行動・態度等は，受講している大学生の心理に対して，ポジティブな側面とネガティブな側面の両方に影響を与えることから，授業の事前準備や教材研究の際には，受講生の心理的な状況を把握した上で指導方法を検討することが重要である。特

に，大学生の不適応問題を予防する取り組みの一環として，授業内で応用可能な教育方法を考える場合，グループ・エンカウンターやソーシャルスキル・トレーニングのような，ストレス反応の低減が可能な授業展開を意図した治療的なプログラムの開発が必要である。そのため，今後は，大学体育におけるセラピュティックな取り組みをストレスマネジメントとして導入し，コミュニケーション能力の測定指標や運動の好き嫌いを測定する指標などのデータを加え，他の変数と組み合わせた分析を行うことにより，より有効なプログラムについて提言できるよう，詳細に検討を進める必要がある。

　現在，大学基準協会の教科内容の評価・点検項目の変更により，学士課程教育における「学生の心身の健康の保持・増進のための教育的配慮の状況」の項目を削除することが決定され，大学における教養体育のあり方及び大学設置基準への影響性が懸念されている。将来的に，大学教育における体育教育の有用性が広く認知されるためにも，大学体育におけるストレスマネジメントの効果を実証することは，将来，日本の大学体育を議論する上での布石になるとも考えられ，その必要性を議論する上でも意義のあるエヴィデンスになる可能性がある。そのためには，今後とも大学体育の授業がメンタルヘルスに対して，どのように影響性を持っているのかを引き続き検討して行く必要がある。今後，本研究において開発した尺度が有効に活用され，大学体育の有用性についての実証性が高められるよう，さらなる測定指標の改良と分析方法の検討を行いたいと考える。

第7章：大学体育における心理教育

7-1：体育教育による心理的発達促進

　第7章では，大学教育における体育の役割である，スポーツ健康科学講義及び体育実技科目の授業効果について検討を行った。スポーツ健康科学講義においては，授業内において健康の維持・増進に必要な健康科学及び行動変容理論の知識教育を中心とした授業を展開し，全15回の授業における1学期間の最初と最後において，どのような認知的な変容がもたらされたかについて比較検討を行った。また，体育実技科目においては，1クラス40名の履修者を5人1組の8グループに分け，1学期間（全15回の授業）に，グループワークを中心に授業の展開を行うようにした。そして，グループワークを通して，学生間の対人関係の活性化を図ることにより，座学の授業では体験することが難しい，他の学生との葛藤・妥協・受容・共感等の心理的な対人関係の機会を意図的に増やし，体験することが出来るように配慮することにより，アクティブラーニング型の授業実践による効果測定を行った。

　なお，測定指標としては，対人関係の接触を授業内で増加させることから，大学体育の効果測定用に特化して作成された，ソーシャル・スキル，効用認知，ストレス反応の3つの指標に絞って，スポーツ健康科学講義科目及び体育実技科目（バスケットボール）の各授業の学期前後（初回授業時と最終回の授業時）の比較検討を行った。

7-2：研究の目的

　本章では，大学体育における授業効果を講義形態のスポーツ健康科学講義と実技形態の体育実技との２つの側面から測定することを目的とした。

　授業の効果測定に当たっては，「大学生版体育授業用ソーシャル・スキル尺度（清水他，2012）」，「大学生版体育授業用効用認知尺度（清水他，2012）」，「大学生版体育授業用ストレス反応尺度（清水他，2012）」を活用し，３つの側面から，各授業における１学期間の授業実践による前後比較を行い，心理的な変容について比較検討を行った。特に，スポーツ健康科学講義では，１学期間の知識面を中心とした講義及び学習が，心理的にどのような変容をもたらすのかを検討した。また，体育実技の授業においては，授業内で身体活動を伴うグループワークを用いることにより，対人接触の機会を意図的に増加させるように配慮することによる心理的な変容について検討することを目的とした。

7-3：研究の方法

1）調査対象者及び調査時期

（1）講義科目：スポーツ健康科学講義参加者

　スポーツ健康科学講義参加者は，座学を中心とした講義形式の授業を履修している大学生 296 名（男性＝130 名，女性＝166 名，平均年齢＝19.46 歳，SD＝1.35）であった。調査時期は，2010 年 4 月初旬（Pre-test）及び 7 月の下旬（Post-test）である。授業の頻度は週に 1 回であり，1 学期間の総授業回数は 15 回であった。また，Pre-test 及び Post-test の各調査とも，集合調査法及び質問紙法により実施した。スポーツ健康科学講義参加者の基本的属性として，学年及び性別の内訳は Table 1 に示した。なお，フェイスシートの基本的属性にて，当該学期期間中に体育実技科目を履修している学生について

Table 1　スポーツ健康科学講義参加者の学年別の男女の人数

学年	人数
1 年生　92 名	（男性 60 名，女性 32 名）
2 年生　111 名	（男性 38 名，女性 73 名）
3 年生　63 名	（男性 23 名，女性 40 名）
4 年生　30 名	（男性　9 名，女性 21 名）

は，その有無を回答する調査項目（体育実技科目履修の有無・履修科目名を自由記述）を設け，分析の段階において，履修している場合には，分析の対象者から除外した。

　スポーツ健康科学講義では，人間の身体的構造を理解するための生理学・解剖学の基礎知識を学び，さらに，運動やスポーツを行うことによる心理的な変化及び身体的な機能の向上など，スポーツ心理学やスポーツ生理学の学習を基礎とし，疾病予防や健康維持・増進を学ぶことを目的とした授業である。また，運動部やスポーツ・サークルに所属している学生が好んで履修する傾向にあり，スポーツ集団をマネジメントすることに興味を持つ学生が多い。そのような学生からの要望に応えるために，チーム・マネジメントを円滑に行う上で必要な知識である，カウンセリング・マインドの基礎知識やロールプレイなども授業の合間に挟んで行うことにより，一方的な講義科目とならないよう，履修学生の参加意識を高める工夫なども行った。

（2）実技科目：体育実技参加者

　体育実技参加者は，バスケットボールを履修している 2 クラスの大学生 87 名（男性＝48 名，女性＝39 名，平均年齢＝20.04 歳，SD＝1.30）である。調査は，2010 年 4 月初旬（Pre-test）及び 7 月の下旬（Post-test）に行った。両調査とも集合調査法により，質問紙を用いて実施した。実験群の学年及び性別の内訳は Table 2 に示した。

　体育実技参加者は，各クラスとも 5 名―6 名のグループ（各クラス 8 グルー

100

Table 2　実験群の学年別の男女の人数

学年	人数
1 年生　15 名	（男性　8 名，女性　7 名）
2 年生　24 名	（男性 16 名，女性　8 名）
3 年生　15 名	（男性　2 名，女性 13 名）
4 年生　33 名	（男性 22 名，女性 11 名）

プ）に分けられ，1 学期間（全 15 回）を同じグループ内にて，準備・企画・
練習・試合を行った。なお，各グループとも男女混合であり，学年も混合す
るように意図的に配属したグループである。ただし，男女及び学年の人数構
成は，出来るだけバランスよく分散するように配置したが，同質のメンバー
での構成にすることは不可能であった。これらの条件下にて実技授業を展開
することについては，参加者の同意を得るために，授業のシラバスにおいて
下記の 3 点について内容を明記し，また，授業開始前のオリエンテーション
においても口頭にて説明を行った。

① 伝達事項

　授業の目当てとして，集団競技であるバスケットボールは，技術力の向上
や試合の勝敗には，チームワークの向上が不可欠であるため，共同（collabo-
ration），協力（cooperation）の体制を大切にし，そのためにはチーム内のコ
ミュニケーション（communication）を円滑化し，メンバーが相互に相談（con-
sultation）することが重要であることを意識して，授業に参加して欲しい旨
を強調して伝えた。

② グループ活動の内容

　各授業クラスとも，履修者を 5 人―6 人の 8 グループに分けて，1 学期間
の間，練習及び試合とも，同一グループでの活動を行った。また，各グルー
プには，学期期間中に 1―2 回の授業運営を担当する機会を与え，事前に企

画・運営の準備，授業前の用具の準備・他の学生への指示・指導・調整，授業後の整理整頓等を行うことにより，授業内・授業外におけるグループでの活動の機会を増やすように意図した。なお，グループは，男女混合，学年混合であるが，リーダーとなれるような学生を配属するために，各グループとも 1—2 名のバスケットボール経験者が入るように配慮した。

③ 授業の目当て

各授業における目当ては，シラバスにおいて明記し，基礎練習から応用練習へと，授業の回数が進むごとに個人の技量及び集団の技量の進展が求められるように，授業段階ごとの課題内容を設定した。この点においては，通常の体育授業における課題設定のプロセスと同様である。

2）調査内容

（1）フェイスシート

個人の属性を測定するために，性別，学年，体育実技科目の履修の有無について回答を求めた。さらに，学期前後の比較を行う必要から，追跡調査を行うために，学籍番号の明記を求めた。

（2）大学生版体育授業用ソーシャル・スキル尺度

ソーシャル・スキルについては，清水他（2012）によって作成された「大学生版体育授業用ソーシャル・スキル尺度（Social-skill Scale for University Physical Education Classes：以下，SSUPEC と略）」を用いた。本尺度は，菊池（1988）によって作成された KISS-18，Sugiyama（2001），杉山（2004）によって開発された「競技社会的スキル尺度」を参考に，体育授業の現場において必要とされるソーシャル・スキルを多面的に測定するための項目を集め，大学生が文意を解釈し易いように項目の文章を推敲した上で作成されたものである。

　本測定尺度は，4因子（各4項目）の合計16項目で構成されており，第1因子「対人感情理解：Comprehension of Interpersonal Relationship（CIR）」，第2因子「対人共感能力：Attitude of Interpersonal Sympathy（AIS）」，第3因子「自己主張能力：Self-Assertion Ability（SAA）」，第4因子「自己感情表現：Self-Emotional Expression（SEE）」の各下位因子によって構成されている。

　なお，質問紙の回答方法として，「私が他者と接する時には…」と教示文を明記し，5件法（1：かなり苦手―5：かなり得意）により回答を求めた。

（3）大学生版体育授業用効用認知尺度

　清水他（2012）が作成した大学生版体育授業用効用認知尺度（Effective Cognition Scale for University Physical Education Classes：以下，ECSUPEC と略）を用いた。この測定尺度は，「ダイエット効果：Diet Effect（DE）」，「対人関係促進：Promotion for Interpersonal Relationship（PIR）」，「気分の向上：Improvement of Feelings（IF）」，「生活習慣改善：Lifestyle Improvement（LI）」，「運動能力の向上：Improvement of Exercise Ability（IEA）」の5下位尺度（合計20項目）から構成されている。

　質問紙の回答方法として，「あなたが大学のスポーツ授業に参加することについて…」と教示文を明記し，5件法（1：全くそう思わない―5：とてもそう思う）により回答を求めた。

（4）大学生版体育授業用ストレス反応尺度

　清水他（2012）が作成した大学生版体育授業用ストレス反応尺度（Stress Response Scale for University Physical Education Classes：以下，SRSUPEC と略）を用いた。この測定尺度は，「情動的反応：Emotional Stress Response（ESR）」，「心理的反応：Psychological Stress Response（PSR）」，「行動的反応：Behavioral Stress Response（BSR）」，「身体的反応：Physical Stress

Response（PHSR）」の 4 下位尺度（合計 16 項目）から構成されている。質問紙の回答方法として，「あなたが大学のスポーツ授業に参加することについて…」と教示文を明記し，5 件法（1：全くそう思わない—5：とてもそう思う）により回答を求めた。

3）倫理的配慮

　本質問紙調査は，学籍番号を記名式にて実施した。その際，個人を特定しないことや研究以外には回収したデータを活用しないこと，個人の権益を損なうことが無いよう，人権擁護について充分に配慮し，データの入力後にはすべて破棄することを確約するなど，質問紙の表紙に明記し，また，口頭においても説明を行った。さらに，質問紙調査に対する回答の可否の自由及び拒否した場合においても，一切の不利益を被ることがない点について説明を行った上で実施した。

4）分析方法

　ECSUPEC の各 5 因子（「ダイエット効果：DE」「対人関係促進：PIR」「気分の向上：IF」「生活習慣改善：LI」「運動能力の向上：IEA」），SRSUPEC の各 4 因子（「情動的反応：ESR」「心理的反応：PSR」「行動的反応：BSR」「身体的反応：PHSR」）ならびに SSUPEC（「対人感情理解：CIR」「対人共感態度：AIS」「自己主張能力：SAA」「自己感情表現：SEE」）の各 4 因子に対して，講義科目参加者及び体育実技参加者を男性女性に分け，測定時期（Pre-test・Post-test）ごとに，対応のある t 検定（paired sample t-test）を行った。

7-4：研究の結果

1）ECSUPEC，SRSUPEC 及び SSUPEC におけるスポーツ健康科学講義参加者及び体育実技参加者の学期前後（Pre-test と Post-test）の平均値及び標準偏差

　測定指標である，ECSUPEC，SRSUPEC 及び SSUPEC におけるスポーツ健康科学講義参加者及び体育実技参加者を男性と女性に分けて，学期の前後（Pre-test と Post-test）の比較検討を対応のある t 検定（paired sample t-test）にて分析を行った。なお，スポーツ健康科学講義参加者を性別で分け，学期の前後（Pre-test・Post-test）の各平均値及び標準偏差の結果を Table 3 に，体育実技参加者を性別で分け，学期の前後（Pre-test・Post-test）の各平均値及び標準偏差の結果を Table 4 に示した。

Table 3　健康科学講義の効果（対応のある t 検定の結果）

		男性					女性				
		Pre test		Post test		t 値	Pre test		Post test		t 値
効用認知	ダイエット効果	15.31	(3.00)	15.40	(3.24)	0.20	14.93	(3.01)	15.65	(3.12)	1.80
	対人関係促進	17.34	(2.53)	16.11	(4.20)	3.00**	16.43	(2.52)	16.89	(2.93)	1.42
	気分の向上	16.98	(3.09)	18.12	(2.24)	2.94**	16.04	(2.51)	17.11	(2.53)	3.54**
	生活習慣改善	16.71	(3.21)	17.82	(2.63)	1.44	15.23	(2.50)	16.06	(2.62)	2.64**
	運動能力の向上	15.66	(3.20)	15.44	(3.56)	0.44	14.69	(2.96)	15.45	(2.94)	2.10*
ストレス反応	情動的反応	7.18	(2.91)	6.45	(2.75)	1.75	7.14	(2.60)	6.74	(2.45)	1.09
	心理的反応	6.79	(2.77)	6.30	(3.04)	1.19	7.13	(2.71)	6.80	(2.46)	1.03
	行動的反応	7.33	(3.18)	7.41	(2.99)	0.18	7.39	(2.47)	7.00	(2.52)	1.13
	身体的反応	11.79	(3.10)	11.96	(3.09)	0.44	11.36	(3.02)	11.98	(2.67)	1.72
ソーシャル・スキル	対人感情理解	13.45	(2.55)	14.50	(2.83)	2.52*	13.53	(2.43)	14.46	(2.71)	2.72**
	対人共感態度	14.66	(2.43)	15.20	(2.52)	1.58	14.56	(2.56)	15.69	(2.37)	3.39**
	自己主張能力	12.43	(2.31)	13.27	(3.04)	2.50*	11.77	(3.10)	12.30	(2.43)	1.54
	自己感情表現	12.26	(2.50)	12.75	(3.10)	1.34	11.76	(3.24)	11.94	(3.05)	0.49

注1）　カッコ内は，標準偏差を示す　　　　　　　　　　　　　　　　　$*p<0.05$，$**p<0.01$
注2）　各尺度の下位尺度の得点範囲（最小値：4.00，最大値：20.00）

※効用認知：ECSUPEC
※ストレス反応：SRSUPEC
※ソーシャル・スキル：SSUPEC

Table 4 体育実技授業の効果（対応のある *t* 検定の結果）

		男性					女性				
		Pre test		Post test		*t* 値	Pre test		Post test		*t* 値
効用認知	ダイエット効果	16.14	(3.04)	14.57	(4.31)	2.10*	14.96	(3.03)	15.16	(3.69)	0.36
	対人関係促進	17.34	(2.53)	16.11	(4.20)	1.59	18.03	(2.35)	17.74	(2.63)	0.59
	気分の向上	17.14	(3.21)	15.54	(4.48)	1.87	17.43	(2.36)	17.03	(2.45)	0.79
	生活習慣改善	15.48	(3.87)	14.77	(4.58)	0.83	15.29	(2.69)	15.35	(3.65)	0.14
	運動能力の向上	16.67	(2.80)	15.23	(3.95)	2.29*	14.45	(2.43)	15.00	(3.66)	0.85
ストレス反応	情動的反応	6.11	(2.92)	8.22	(4.95)	2.37*	5.93	(2.67)	6.48	(3.16)	0.96
	心理的反応	6.20	(2.88)	8.37	(4.23)	2.46*	5.96	(2.92)	6.16	(3.20)	0.39
	行動的反応	7.11	(3.26)	8.48	(4.88)	1.55	5.90	(2.19)	6.67	(3.09)	1.46
	身体的反応	10.14	(3.13)	10.79	(4.32)	0.86	10.06	(3.11)	8.90	(3.48)	1.67
ソーシャル・スキル	対人感情理解	14.45	(3.13)	14.88	(3.19)	0.60	14.48	(2.39)	14.12	(3.08)	0.51
	対人共感態度	14.93	(2.97)	14.51	(3.83)	0.57	15.90	(2.38)	15.50	(2.99)	0.84
	自己主張能力	13.71	(3.13)	14.20	(3.23)	0.71	11.72	(2.93)	12.03	(2.54)	0.59
	自己感情表現	13.50	(3.29)	14.52	(3.77)	1.28	12.64	(3.07)	12.83	(2.77)	0.39

注 1)　カッコ内は，標準偏差を示す自己感情表現　　　　　　　　　　　　　　*p*<0.05
注 2)　各尺度の下位尺度の得点範囲（最小値：4.00, 最大値：20.00）

※効用認知：ECSUPEC
※ストレス反応：SRSUPEC
※ソーシャル・スキル：SSUPEC

　なお，注釈に示したように，ECSUPEC，SRSUPEC 及び SSUPEC の各下位尺度の得点範囲は，すべて 5 件法（1—5 評定）であり，各 4 因子構造であることから，最小値が 4.00 得点であり，最大値が 20.00 得点の範囲となっている。

2）スポーツ健康科学講義参加者の学期開始時・終了時の比較検討

　スポーツ健康科学講義参加者を性別（男性・女性）で分け，学期の前後（Pre-test・Post-test）によって比較検討するために，ECSUPEC，SRSU-PEC，SSUPEC の各下位尺度に対して，対応のある *t* 検定（paired sample *t*-test）を行った。その結果を各下位尺度別に，男女別，Pre-test 及び Post-test の平均得点，標準偏差（*SD*）を Table 3 に示した。

　分析の結果，男性の場合，効用認知の下位尺度である「気分の向上」，

ソーシャル・スキルの下位尺度である「対人感情理解」「自己主張能力」において，学期開始時よりも学期終了時の方が，有意に平均値が高いことが示された。しかし，ストレス反応の下位尺度には，学期の前後において，すべて統計学的な変化は認められなかった。また，効用認知の下位尺度である「対人関係促進」は，学期開始時よりも学期終了時の方が，有意に平均値が低下するという結果が認められた。

　女性の場合は，効用認知の下位尺度である「気分の向上」「生活習慣の改善」「運動能力の向上」及びソーシャル・スキルの下位尺度である「対人感情理解」「対人共感態度」の各平均値が，学期開始時よりも学期終了時の方が，有意に平均値が高いことが示された。

3) 体育実技参加者の学期開始時・終了時の比較検討

　体育実技参加者を性別（男性・女性）で分け，学期の開始時と終了時（Pre-test・Post-test）によって比較検討するために，ECSUPEC, SRSUPEC, SSUPEC の各下位尺度に対して，対応のある t 検定（paired sample t-test）を行った。その結果を各下位尺度別に，男女別，Pre-test 及び Post-test の平均得点，標準偏差（SD）を Table 4 に示した。

　分析の結果，男性の場合，効用認知の下位尺度である「ダイエット効果」「運動能力の向上」において，学期開始時よりも学期終了時の方が，有意に平均値が低いことが示された。また，ストレス反応の下位尺度である「情動的反応」「心理的反応」においては，学期開始時よりも学期終了時の方が，有意に平均値が高いことが示された。しかし，ソーシャル・スキルの下位尺度には，学期の開始時・終了時において，すべて統計学的な変化は認められなかった。

　一方，女性の場合には，体育実技参加者の各尺度間における比較分析の結果，すべての下位尺度において，統計学的に有意な差は認められなかった。

7-5：研究の考察

1）スポーツ健康科学講義参加者の授業開始時・終了時の比較検討

　本研究では，大学生がスポーツ健康科学講義科目に参加することにより，どのような心理的な影響がもたらされるかの検討を行った。測定指標による比較検討は，学期の開始時と終了時に行い，さらに男性と女性に分けて分析を行った。その結果，男性の場合，効用認知尺度の下位尺度である「気分向上」，ソーシャル・スキルの尺度の下位尺度である「対人感情理解」「対人共感態度」「自己主張能力」の３下位尺度において，学期終了時に統計的に有意に向上していることが認められた。また，女性の場合には，効用認知尺度の下位尺度である「気分の向上」「生活習慣改善」「運動能力の向上」，ソーシャル・スキル尺度の下位尺度である「対人感情理解」「対人共感態度」の５下位尺度において，学期終了時に統計学的に有意に向上していることが認められた。

　スポーツ健康科学講義の中では，座学が中心であるが，スポーツ組織のマネジメントを行う上で重要な，カウンセリング・マインドを学ぶ機会を設けている。そのトピックを扱う授業の際には，対人関係に必要であるコミュニケーションに関する基礎知識を学び，円滑にコミュニケーションを行うための手法をロールプレイにて学習することにより，学生の参加意識を高めながら授業を進めている。また，その授業では，他者とのコミュニケーション時の受容と共感を体験するロールプレイの機会を設け，近くに座っている学生同士で，実演する体験的学習方法も取り入れている。そのため，基本的な対人コミュニケーション・スキルを体験的に学ぶ機会があるため，知識として学習した内容を体現することにより，本研究におけるポジティブな心理的な変容がもたらされたことが推察される。特に，講義内において，望ましいコミュニケーション（傾聴の姿勢，受容的態度，目線の位置，会話の内容に適した表情，返事のタイミング等）と望ましくないコミュニケーション（非傾聴的な姿

勢，非受容的な態度，目線を合わせない会話，会話の内容と異なる表情，無表情での対話，返事のタイミングをずらした返答等）のロールプレイの機会を設けた時には，概ね女子学生の方が積極的に取り組んでいたこと，また，コミュニケーションに関する学習成果をペーパー試験によって確認した場合にも，女子学生の方が男子学生よりも得点が高いことから，スポーツ健康科学講義受講者である女子学生のソーシャル・スキル尺度の得点が，5下位尺度においてポジティブな変容を見せた結果が推察される。

　しかし，男子学生の場合，効用認知尺度の「対人関係促進」がネガティブに変容したことから，講義科目内における，隣の知らない学生とのコミュニケーションの機会は，結果的に心理的ストレスとなった可能性がある。ただし，ストレス反応尺度のすべての下位尺度には，統計的な変化は認められなかったことから，1—2回のソーシャル・スキル・トレーニングの機会では，対人関係を促進させるための効果は望めず，結果として「対人関係促進」の下位尺度での平均得点は有意に低下してしまった。その一方，ストレス反応の得点には，有意な変化が認められなかったため，ソーシャル・スキル・トレーニングによる対人葛藤の体験は，ストレス反応を引き起こすまでの体験にはならなかったことが推察される。

　今後は，どのような講義形態の授業がストレス反応を引き起こし，効用認知やソーシャル・スキルを高めるのかの検討を行う必要がある。そのためには，ロールプレイの機会を設ける授業と設けない授業との比較検討を行うなど，授業方法による学生への介入の仕方を詳細に検討し，効果測定を行うことが必要であると考える。その結果として，理想的なロールプレイの時間，回数などが明確に出来れば，今後，さらに有効な知見となると考えられる。

2）体育実技参加者の授業開始時・終了時の比較検討

　本研究では，大学生が体育実技科目に参加することにより，どのような心理的な影響がもたらされるかの検討を行った。測定指標による比較検討は，

学期の開始時と終了時に行い，男性と女性に分けて比較分析を行った。その結果，男性の場合，効用認知尺度の下位尺度である「ダイエット効果」「運動能力の向上」，ストレス反応尺度の「情動的反応」「心理的反応」の 4 下位尺度において，学期終了時に統計的に有意にネガティブに変容していることが認められた。一方，女性の場合には，3 つの尺度の各下位尺度は，統計的には有意な変容は認められなかった。

　本研究において体育実技に参加した学生は，2 クラスともグループワークを基本とした授業に参加した。担当教員の観察する範囲では，グループワークの授業への導入が，参加者の対人関係におけるストレッサーとなっていた可能性が示されている。つまり，授業における課題解決作業が，少人数グループ内での対人関係に負荷を与え，過剰な葛藤場面を生起させていた可能性が予測される。グループ・エンカウンターを授業内に用いた先行研究（清水，2003）では，一学期間の授業前後の比較検討を行った結果，ストレス反応等，心理的な指標がネガティブな方向に上昇したという報告が示されている。そのため，本研究におけるグループワークを用いたプロセスでは，小グループ内での対人関係の葛藤を引き起こす要素を多分に含み，人とかかわる機会を増加させていることが推察された。この結果は，対人関係を促進する上での授業方法のプロセス内で発生する事象としては理解できるが，同時に小集団内での活動が，学生に対して心理的に大きな負担となっていることも予測された。

　今後は，参加学生が快適な程度に対人関係のトレーニングが出来るよう，グループワークの内容及び指導教員の各グループへのかかわり方を検討する必要がある。また，例えば，最近では体育の授業内にアシスタントとしての TA（Teaching Assistant）の配置を認める大学も出て来ている。その TA を事前にトレーニングし，ファシリテーターとしての役割を果たすことが出来れば，よりきめ細かなグループへのアプローチを可能とし，グループ内活動における対人関係の安定化を図ることが可能となるかもしれない。また，学

生全体に対して，カウンセリング・マインドについての要点学習や学生同士のピア・サポートについての意識化を図るために，資料を配布しての宿題などの課題を課すことも，改善するための糸口になる可能性が考えられる。つまり，参加者のインターパーソナル及びイントラパーソナルにおける心理的な葛藤の整理と理解を深めることにより，小集団内での対人関係の相互作用が有効に活用される可能性が高まることが推察される。そのためには，体育指導者へのスポーツ心理学の研修の機会などを設け，その中でスポーツメンタルトレーニングや教育カウンセリング，動機づけ理論，リーダーシップ論，フォロアーシップ論など，集団をマネジメントして行くための基礎知識や技法の確認を行うことが必要であると考えられる。

7-6：まとめ

本研究の目的は，今後の大学体育の意義を考える上で，どのような内容的な発展性が見込まれる可能性があるのかを検討するため，講義科目と実技科目における心理的な変容について検討することであった。特に，現在の社会的な雇用情勢や産業構造の特性から，将来，第三次産業に従事して行く可能性が高い大学生にとって，共同（collaboration），協力（cooperation），コミュニケーション（communication），協議・相談（consultation）の能力を育成することは，大学教育における教養教育の一端を担う体育教育においても重要な課題である。大学体育を構成する体育実技や野外教育での活動場面においては，集団活動が重視され，学生間の人間関係の葛藤や交渉の機会が増える。この点において，体育実技には，科目上の特性としてソーシャル・スキルを獲得する場面や磨きをかけるための機会の提供が可能だと考えられる。また，大学体育のもう一つの役割として，スポーツ健康科学系の講義科目の提供により，知識面からの学習による健康の維持・増進をはじめとしたメンタルヘルス改善などのアプローチがある。現在まで，行動変容理論やストレス

マネジメントなど，運動行動や身体活動による疾病予防，心身の健康の改善，QO の向上など，大学体育における講義科目の役割は発展しており，組織マネジメントに関するコミュニケーションやカウンセリングの基礎的な実践練習などもカリキュラムに含む場合もある。これらの講義科目を通しての知識注入を基本とした学習効果についての検証は，今後の大学体育の教育的意義を検討する上では重要であると考えられる。

　そこで，本章では，講義科目及び実技科目による授業効果を比較検討するために，1 学期間の開始時と終了時における心理的な変容について分析を行った。

　まず，講義科目においては，男子学生及び女子学生とも，効用認知尺度の下位尺度が有意にポジティブな変容を示した。また，ソーシャル・スキル尺度においても，効用認知と同様に，男子学生及び女子学生ともポジティブに変容する結果を示した。特に，女子学生にポジティブな変容が多く見られたことから，女子学生への知識学習及びロールプレイによるソーシャル・スキル・トレーニングやコミュニケーション・トレーニングは，講義科目内で効果的に機能していたことが示唆された。そのため，今後は，講義科目内におけるアクティブラーニングとしての学生参加型の授業形態なども取り入れ，知識注入型の講義形態との比較検討を行うことも必要であることが示唆された。

　一方，体育実技参加者における時期の比較では，効用認知及びソーシャル・スキルとも，ネガティブに変容するという結果が得られた。そのため，体育実技における小グループ制のグループワークは，対人葛藤の場面が多く，参加学生の心理面での負担が大きいことが推察された。現在まで，体育授業を通して人間関係を促進するプログラムを中心とした先行研究（渋倉・小泉，2003）では，学生間の親密感が促進されたという報告が行われている。これらの先行研究と比較した場合，今回の研究におけるグループワークでの授業運営方法では，指導者による補助的・支援的な介入方法，介入の機会や

頻度を確定しないまま授業が展開されていたため，グループ内での共同作業は，かなりの部分において学生主体の授業運営になっていた。そのために，指導者からの十分なサポート体制が確立されていなかった可能性が推察され，今回の研究におけるネガティブな反応を助長させた要因となったことが考えられる。また，今回の体育実技の授業では，男女も学年も混合であったことも，グループを構成する上での難しさがあった可能性が否めない。男女差による問題は，単純に体力差があったことを想定させ，また学年差は，年功上列的な日本社会においては，最初の段階から先輩後輩のグループのヒエラルキーを構成していた可能性も否めない。その反面，男女理解や学年縦割りの構成は，多様な交流を体育実技の中で実現させるために意図したことでもある。各グループのリーダーやフォロアーの存在も大きくグループ内の雰囲気を決める決定的な要因ともなる。これらの問題点は，グループ学習や体育実技では常に課題となり，人間集団に対する介入研究の限界でもあることは忘れてはならないと考える。

　これらの介入研究の量的な限界を踏まえ，質的な要素での検討が必要である。本研究では，その点を代替するための検討事項として，授業後に自由記述式の感想を集めておいた。これらの結果をポジティブな側面とネガティブな側面とに分類を試みた。例えば，ポジティブな記述の例としては，「助け合いができた」「毎回，目標に向かって練習できた」「チームメイトに助けられた」「一致団結できた」「仲の良い友だちができた」「チームメイトと仲良くできた」「先輩と仲良くなれた」「知り合いが出来た」などが挙げられる。一方，ネガティブな記述の例としては，「仲間に迷惑をかけた」「チーム替えをして欲しかった」「下手なのでチームの足を引っ張った」「記録が面倒だった」「話し合いの時間が長かった」「もっとプレーを中心にして欲しかった」「皆の意見がまとまらなかった」「意見を言う人が少なかった」などのリアクションが見られた。これらの意見や感想を総合すると，チーム内において人間関係の軋轢が生まれ，葛藤する場面が多かったことが推察され，今回の研

究結果に見られる，心理的な指標におけるネガティブな変容は，これらの葛藤場面での要素が強化されて得点に反映された可能性が高いと推測される。そのため，指導者の介入の方法，介入の頻度，参加者に対するピア・サポートの説明と促進化，ファシリテーターとしての TA の活用等の可能性を考慮し，心理得点のネガティブな変容を抑制し，逆に葛藤場面などの対人関係における摩擦場面をポジティブに活かせる可能性を検討して行く必要がある。また，学生主体の運営の方針を取るのか，指導者主体の方針を取るのか，グループやクラスによっては，対応策は構成メンバーによって異なるため，その点を事前にアセスメントするツールの開発等も検討事項であると考える。

1991 年の大学設置基準の大綱化以降，大学における教養科目の設置に関して，全国の大学内において大きな変革が起こり，大学体育も科目設置の意義等，広く論議が重ねられている。また，1999 年に 18 歳人口の高等教育機関への進学率が 49 ％に到達し，その後の進学率の上昇に伴うユニバーサル・アクセス時代の大学教育のあり方の検討が進められている。この点から，大学体育も内容や教育方法への転換が求められているところである。現代の学生の心理的特性や社会的発達段階を考慮し，そのニーズに適合した大学内での教科特性を活かした取り組みや，卒業後を見込んだ学生への付加価値を付与するための取り組み等，「大学体育で出来ること」は多く，また，「大学体育でしか出来ないこと」も多々あることから，今後の展開が期待されるところである。

また，大学における体育の授業は，他の講義科目とは異なり，体験的な学習方法を用いることが容易であるため，開発的教育を目的とした教育方法論を用いた授業の手法を導入できる可能性が高い。そのため，本研究にて検討した社会化及び心理的な発達促進を助長させることを理念とした教育方法論での大学体育の展開は，現在までの大学体育の教育目標であった「健康維持・増進」「体育技能の深化・向上」に加え，「社会的・心理的な発達促進」

「対人関係のスキル支援教育」を目的とした機会の提供を可能としている。大学全入の時代を迎え，学生の多様化が急速に進み，教育プログラムへの期待も多様化する現代の日本の高等教育機関において，どのようなプログラムが学生にとって有益な学修体験となるのかが問われている。現在の大学体育において，その有効性を基本とした教科学習の目標へのパラダイムシフトについて，今後とも積極的に考えていく必要がある。そして，現代の学生のニーズに適合した教育内容を吟味することにより，教養教育としての大学体育の目的と意義について再度検討して行く必要があると考える。

第8章：研究のまとめと今後の課題

8-1：大学体育による健康教育の推進

　本研究では，身体活動の低下による生活習慣病の蔓延，それに伴う医療費の増加問題等，現代の日本社会における健康問題に対して，運動行動の促進による改善について検討を行った。特に，青年期の運動行動の促進により，20年後，30年後の健康問題の改善，社会における医療費の削減等を検討することは，現在を生きる者の責務でもある。とりわけ，大学体育に関わる研究者には，大学体育における健康教育の推進により，大学生の行動変容を意図したアプローチを進め，彼らが中高年以降になった折に，生活習慣病などのリスクを回避できるように働きかけることが重要である。今回，本研究の対象者とした大学生は，ライフ・ステージの観点から見た場合，青年期後期に位置づけられており，健康行動に対して，中年期に入る前の段階において，基本的な生活習慣を身に着ける上で重要な時期である。また，系統的に教養を学ぶ最終段階であり，大学における体育教育を通して，運動習慣の意義と重要性を理論的・実践的に学習する最後の機会でもある。

　このような社会における健康問題や大学体育の役割と課題を鑑み，体育科教育に携わる教員が，どのような点を留意して，体育の実技科目及び健康科学関連の講義科目の展開を行うことが可能なのかを目的として，本研究では検討を行った。特に，授業を開始する前に，フィールドや教室において，利便性の高い測定尺度を活用することにより，授業対象者である大学生の心理的な状況をアセスメントすること，また，授業の効果を測定し検証することは，参加する学生の運動に関する心理的な状況を把握する上で重要であり，

授業をより効果的に展開する上でのプログラム評価としての意義がある。これは，企業の事業活動における生産管理や品質管理などの管理業務を円滑に行う際に用いる，PDCAサイクル（plan：計画，do：実行，check：評価，action：改善の4段階cycle）と同様に，効果の検証を進めながら授業の展開を行うという発想である。さらに，身体活動及び運動行動を促進させるための心理モデルを作成することにより，具体的に，体育教師がどのような有効な手段を用いることが可能なのか，授業展開の方法に工夫を持たせることが可能なのかという点を検討した。

　そこで，本研究論文では，第2章，第4章，第6章においては，研究に係る測的指標の開発を行うための基礎研究を中心とし，探索的因子分析，検証的因子分析，信頼性分析（Cronback αの算出及びTest-Retest法），一元配置分散分析を用いての心理尺度の開発過程を中心とした。さらに，第3章及び第5章では，開発した測定指標をもとに，尺度間の関係性を検証することにより，青年期の運動行動を理解するための心理モデルの作成を行った。そこでは，階層的重回帰分析及び共分散構造分析を用いての各規定要因の目的変数への影響過程について振り返り，大学体育における各測定尺度及びモデルの有用性について考察を行った。そして，第7章では，大学における体育講義と実技授業での実践を通して，どのような心理的な変容がもたらされるかについて検証を行った。これらの調査研究や準実験的な研究を通して，将来的に大学体育において，体育教師が授業を行うにあたり，これらの測定尺度及びモデルを応用して，どのような授業展開への可能性が広がるかについて，課題と展望についてまとめの考察を行った。

8-2：測定指標の開発

　本論文では，第2章及び第4章において，各研究目的に応じた測定指標の開発を行った。第2章では，「身体活動セルフ・エフィカシー尺度」及び

「運動に対する態度尺度」を作成し，第 4 章では，「運動行動促進規定要因尺度：促進要因尺度」及び「運動行動阻害規定要因尺度：阻害要因尺度」を作成し，合計 4 つの尺度を作成した。各章にて開発を行った各尺度とも，統計学上の許容範囲内と判断できる信頼性及び妥当性が認められたため，他の測定指標と合わせて分析を行う上で有効であることが確認された。また，各尺度とも一定の因子構造を持ちながら，体育の授業現場で活用できるよう，短い文章で構成し，短時間で実施が出来るよう，可能な限り少ない項目数での構成を行い，その目的がかなう尺度になったと考えられる。

　まず，第 2 章で開発を行った，「大学生版身体活動セルフ・エフィカシー尺度（SEPAUS）」及び「大学生版運動に対する態度尺度（EASUS）」は，既存の尺度を如何に活用しやすくするかという点及び分析可能な範囲を広げるという 2 つの点を意図して開発を行った。その結果，「大学生版身体活動セルフ・エフィカシー尺度（SEPAUS）」には，第 1 因子として「体力・気力（Physical & Psychological Strength：PPS）」，第 2 因子に「運動行動（Exercise Behavior：EB）」，第 3 因子に「日常活動（Physical Activities for Daily Life：PADL）」の 3 因子計 15 項目が抽出された。また，本研究では，先行研究における問題点の改善を意図し，多次元的に測定するための一定の因子構造を持ちながら，異なる身体活動のレベルの対象者のアセスメントも可能とした点において，尺度開発上の目的を達成出来たと考える。さらに，「大学生版運動に対する態度尺度（EASUS）」には，「運動の興味・価値（Exercise Interest and Value：EIV）」と「運動の期待・効用（Exercise Expectancy and Effectiveness：EEE）」の 2 因子計 8 項目が抽出された。この尺度においても，先行研究における分析上の問題点を改善したことにより，他の尺度との分析の幅も広がり，利便性が高い測定尺度になったと考えられる。

　特に，両尺度とも，既存の尺度構成の概念性や問題点を改善するという点において，今後，多変量解析における分析の種類を広げることを念頭に置いて尺度開発を行ったため，出来る限り多くの被験者からデータを得る必要が

あった。また，妥当性の検証及び信頼性の検証においては，検証的因子分析，Test-Retest 法による再検査信頼性，他の尺度との関連性における妥当性検証など，複数の手法を用いて検討を行うように努めた。このため，両尺度とも信頼性及び妥当性を確保しつつ，体育の授業現場での活用が可能な項目数，質問項目の文章の短さ及び平易さによる理解度の高さを持つ尺度として完成したと考える。

　次に，第 4 章において開発を行った，「大学生版運動行動促進規定要因尺度（促進要因尺度)」及び「大学生版運動行動阻害規定要因尺度（阻害要因尺度)」は，特に，学校体育などの教育現場，レジャー・レクリエーション活動，また，生活習慣病の予防・治療・回復などの各過程におけるセラピュティック・エクササイズ・プログラムを実施する上で，指導者が対象者の持つ心理的・社会的・身体的・環境的・道具的な運動実施条件を幅広くアセスメントし，プログラムの構成や対象者へのアプローチ方法を検討する際の判断材料となるような指標の開発を意図した。さらに，促進要因尺度及び阻害要因尺度とも，被験者へのフィードバックを行うことにより，自己の運動行動への意識性を具体的に促進させることを検討していたため，レーダーチャートを活用しての視覚化の可能性の有無が，尺度の構成上の重要な点であった。その点，促進要因尺度及び阻害要因尺度とも，8 因子構造で収束し，各因子とも 4 項目での構成となり，同じ得点範囲内にて個人の得点の明示が可能となった。さらに，八角形のシンプルなデザインでのレーダーチャートは，各下位尺度における被験者の得点をプロットすることにより，視覚的なフィードバックが可能となった。また，促進要因尺度及び阻害要因尺度とも，視覚フィードバックによる認知的変容の促進化を推進するために，各下位尺度ごとの平均値をレーダーチャートにプロットし，各被験者自身が自分の得点との乖離度を認識できるようにした。そのために，多くの被験者から収集したデータからの平均得点を算出する必要があったが，この点においても，1000 を越える大学生からのデータを収集することに成功し，被験者へ

のフィードバック機能も一定の信頼性を持って示せるようになったと考える。また，このレーダーチャートは，授業内などで，近くの席の学生同士で，見比べたりすることなどにも活用でき，ヘルスカウンセリングの実習での資料として，相互に活用することが可能であることなども念頭に作成したものであるため，今後，大いに活用されることが期待される。

8-3：運動行動とメンタルヘルスに関するモデル

　本論文では，第3章及び第5章において，開発した各尺度の下位尺度を用いた変数間の関係性の検証を行った。分析の際には，目的変数である「身体活動量」及び「メンタルヘルス」の予測性についての検討を目的とした。

　第3章では，第2章にて開発を行った，「身体活動セルフ・エフィカシー尺度（SEPAUS）」及び「運動に対する態度尺度（EASUS）」を独立変数とし，従属変数である The FIT（Frequency, Intensity, Time）Index への影響性についての検討を行った。その結果，身体活動セルフ・エフィカシー尺度と運動に対する態度尺度の各下位因子が，身体活動量を測定する FIT Index の規定要因としての有効性を示した。特に，「体力・気力（Physical & Psychological Strength：PPS）」と「運動行動（Exercise Behavior：EB）」は，FIT Index に対する直接的な規定要因であることが示され，今後，体育の授業やスポーツプログラムをはじめ，生活習慣を変容させるための運動促進プログラムを実施する際には，Bandura（1997a）の言う，「セルフ・エフィカシーを高める4つの要素」を意識した内容で構成することにより，参加者の運動行動の変容が促進される可能性が示された。特に，セルフ・エフィカシーを高める要素として，「達成体験・成功経験」，「代理経験・モデリング」，「言語的説得・言語的励まし」，「生理的・情緒的高揚・気分の高揚感」が挙げられており，さらに，Maddux & Lewis（1995）は，これらの4つの要素に「想像的体験」を加えることの有効性を示唆している。そのため，上記の5

つの要素を大学体育の教育現場において向上させるための具体的な方法をマニュアル化して施行することにより，より運動行動を促進するための方法論が進展すると考えられる。

　しかし，身体活動セルフ・エフィカシー尺度の下位尺度である「日常活動（Physical Activities for Daily Life：PADL）」に関しては，FIT Index に対して，負の影響性を示したため，分析結果の解釈が困難となった。この結果は，対象者が健常な大学生であったため，質問項目の内容と運動行動への意識が乖離していた可能性が否めない。

　また，運動に対する態度尺度は，その下位尺度である「運動の興味・価値（Exercise Interest and Value：EIV）」は運動行動への有意な影響性を示したが，一方，「運動の期待・効用（Exercise Expectancy and Effectiveness：EEE）」は，運動行動への有意な影響性を示さなかった。このため，体育の授業や運動プログラムにおいて，指導者が重視して実施してきた「楽しくなる」「気分が良くなる」「満足感がある」というような期待性や効用性を強化することを意図した授業の展開方法には，運動行動を促進させるため効果は低いことが示唆された。そのため，大学生を対象とした体育授業を展開する上では，「運動の興味・価値（Exercise Interest and Value：EIV）」の有効性に焦点を当て，指導者が履修者に対して，「興味」「関心」「価値」などに対する意識性を高める働きかけを行う方法論を検討し，授業の展開方法に活用することが効果的であることが示唆された。

　さらに，第5章では，第4章で開発を行った促進要因尺度及び阻害要因尺度の各規定要因が，「身体活動セルフ・エフィカシー」を媒介変数として，従属変数である MHP（心理的・社会的・身体的ストレス及び QOL）への影響性について検討を行った。具体的には，運動行動を規定要因とした大学生のメンタルヘルス・モデル（促進要因／阻害要因—身体活動セルフ・エフィカシー—MHP モデル，促進要因—身体活動セルフ・エフィカシー—MHP モデル，阻害要因—身体活動セルフ・エフィカシー—MHP モデル）を仮説設定し，モデルの適合性

及び尺度間のパス係数の検討を行った。その結果，3 つのモデルとも統計学上の許容範囲内である適合度を示し，モデルの解釈の有効性が示唆された。モデルの解釈からは，促進要因及び阻害要因が身体活動セルフ・エフィカシーを媒介して，大学生のメンタルヘルスに影響していることが推察された。特に，促進要因における「メンタルヘルス」「社会的承認」「ライフスタイル構築」「コミュニケーション」「健康生活」の各観測変数が，潜在変数である促進要因への影響性が高いため，これらの各要因に対する認知の向上を図る工夫を体育の授業に取り入れることにより，大学生の身体活動が増加し，その結果としてメンタルヘルスが改善する可能性が示唆された。一方，阻害要因では，「道具・情報欠如」「施設欠如」「環境的阻害」「経済的阻害」「仲間不足」の各観測変数が，潜在変数である阻害要因への影響性が高いことが示された。そのため，これらの 5 つの要因に対する認知が低減するように，体育の教員が働きかける工夫を授業展開の中に取り入れることにより，大学生のメンタルヘルスの改善に寄与する可能性が示唆された。

8-4：大学体育の授業効果

　本論文では，第 2 章から第 5 章において，運動行動のメンタルヘルスへのポジティブな影響性についての検証を行った。

　また，第 6 章では，これら 2 章から 5 章における基礎研究をもとに，大学体育に特化した「大学生版授業用効用認知尺度」及び「大学生版授業用ストレス反応尺度」の作成を行い，両尺度間の関係性の検討を行った。その結果，大学体育における効用認知を高く認知している場合，概ね大学体育への参加におけるストレスの認知が低下することが確認された。そのため，指導者が授業履修者に対して，具体的にどのようなアプローチの下で指導すると効果的であるのかが検討された。そのため，大学体育の授業にあたっては，指導者は授業の目当てを明確に説明し，運動による心理・身体・社会的な効

用性について，具体的に説明することにより，履修者の授業時に示すストレス反応を低減させられる可能性が示された。

　さらに，第7章では，大学体育の授業履修者を対象に，1学期間の授業実践の効果の検証を行うために，縦断的な手法を用いた分析を行った。分析の際には，大学体育のカリキュラム上の役割である，スポーツ健康科学講義（講義科目）と体育実技（実技科目）の2つの側面から検討した。また，講義科目及び実技科目とも男性と女性とに分け，1学期間の授業（全15回）の開始時と終了時（Pre-test・Post-test）の比較検討を行い，それぞれの科目における心理的な変容を縦断的に捉えるよう試みた。特に，講義科目では，スポーツ健康科学に関連する運動・スポーツの効用，スポーツチームのマネジメントに関するコミュニケーションスキルなど，知識及びスキル獲得の学習が促進するような講義を展開した。さらに，実技科目では，2クラスのバスケットボール履修者を対象に，グループワークを用いた授業を展開し，対人接触場面を多く体験できるよう取り計らった。その結果，講義科目においては，体育授業への効用認知が向上し，ストレス反応が低下する結果が得られた。これは，講義科目における適度な対人接触の機会及び知識の学習が促進したことに裏づけられる結果であることが推察された。特に，女子学生のポジティブな変容が顕著であったことから，ロールプレイによる効果や知識獲得による効果は，女子学生には有効であることが推測された。

　一方，体育実技においては，概ね，男子学生のネガティブな変容が認められた。そのために，グループワークを遂行する上で，グループ内部の対人接触の機会が濃密となり，葛藤・軋轢が顕著となったことがネガティブな変容への原因となったことが推察される。しかし，その反面，体育実技内におけるグループワークは，対人関係の接触が深くなる可能性が示唆されたため，指導者が綿密に接触できるような少人数制でのクラス環境の整備やTAを参加させるなど，グループワークを外部からファシリテートする第3者を配置することにより，効果的なソーシャル・スキル・トレーニングが実現化さ

れる可能性が示唆されたと考える。

　今後は，クラスの人数による効果の比較，TA を配置しての効果の比較，ピア・サポーターを各グループにトレーニング後に配置することによる比較など，クラスの運営上の工夫を行うことによっての比較検討を行うことにより，効果の違いの検証を行い，実現可能な教育方法を確立したいと考える。

8-5：今後の課題と展望

　本論文では，運動行動及び身体活動の促進，また，メンタルヘルスの改善を意図した大学体育の授業を実施する上で必要な要因の検討を行うため，測定評価尺度の開発及び横断的な研究手法による規定要因の検討を行った。その結果，各種目的変数に影響する身体活動セルフ・エフィカシー尺度，運動に対する態度尺度，運動促進規定要因尺度，運動行動阻害要因規定尺度の開発に成功した。今後は，これらの開発された各種の測定尺度を用いて，大学体育の授業における効果測定や授業開始前に構成する授業履修者のアセスメントに活用したいと考える。

　特に，運動能力や体力の差だけでなく，多種多様な価値観を持つ学生たちが入学して来る現代の大学における授業では，授業開始前に教員が学生の運動に対する心理的な背景要因を知っておくことは，効果的に授業内でのアプローチを可能にすることが考えられる。特に，大学体育では，安全面からの配慮や教場や施設の関係から，比較的少人数での授業展開が許されているため，アセスメントによる個人の情報を有効に活用できる機会も多い。大学体育ならではの教員と学生との関係性を築く上での一助となる測定尺度となるよう，活用方法にも工夫を凝らしたいと考える。

　さらに，現代の大学では，対人関係に困難さを抱えているソーシャル・スキルの低い学生や人前での失敗を極端に恐れる学生が増加している現状がある。特に実技を伴う体育の授業では，他の学生からの目もあることから，授

業内での失敗を起因として大学への適応性が低下してしまうケースや，他の学習に対する意欲までも喪失してしまうなどのケースも見られる。一方で，体育の授業を通して，新しい人間関係が出来るなど，大学体育が社交の場になり，交友関係の拡大化や友情を育むような効果も報告されている。現代の大学体育には，従来の体育が目標としていた体力・技術力向上や健康維持・増進に留まらず，人間関係トレーニングとしての効果も期待されている。その効果をより高めるためには，授業前のアセスメントにより，履修学生の集団を分ける際のセグメント化やグルーピング化が重要である。今後は，本研究において開発を行った測定尺度を活用し，学生が快適に学ぶことが可能となり，より効果的に対人スキルを学べるような，授業での集団運営を行って行きたいと考える。

　また，大学体育には，実技科目による身体活動を伴った教育だけでなく，健康科学関連の講義科目を通して，運動や身体活動による心身の健康に関する知識を教授するという使命がある。本研究において開発を行った，促進要因尺度及び阻害要因尺度は，健康科学講義科目内において，自己の運動に対する心理・社会・環境・道具的な状況をアセスメントすることが可能であり，また，レーダーチャートによる視覚的なフィードバックが可能である。自己の相対化を数視覚的に行い，自己認知を高めることは，行動変容のための第一歩として，有効であることが考えられる。今後は，講義科目内においての自己認知性を高める働きかけを行うことにより，学生の身体活動や運動行動にどのような変化が生じるかなどを検討して行きたいと考える。

　特に，今回の研究においては，質問紙法を用いた測定指標による検討を行った。しかし，人間の身体活動や運動行動を従属変数として捉える場合，質問紙法による測定には，個人の認知と実際の行動とに乖離が生じ，正確なデータを捉えていない可能性がある。この問題を改善するためには，行動指標や生理指標を活用することによる，別の視点からのアプローチが有効であると考えられる。しかし，現在までのところ，行動指標においては，加速度

計を内蔵した万歩計（歩数計）などによる身体活動量の測定の試みなどが行われているが，被験者のつけ忘れなどの個人内要因，仕事や家事などの社会的要因，気候・天気・季節などの環境要因が，身体活動や運動行動に対して大きく影響を与えることから，行動指標による測定の困難さが指摘されており，研究方法上の限界であるとも言われている。また，生理的な指標においては，データのサンプリングを行うことの困難さに加え，年齢・性別による生理指標の数値が大きく異なる問題から，横断的な研究方法における分析が困難であることが指摘されている。そのため，個人のベースラインを設定し，追跡調査を行う必要から，個人情報の問題等の倫理的な観点からの研究の困難さ，研究にかかる経済的な問題等が重いことから，広く研究者が取り組めるという汎用性に乏しく，研究推進の限界となっている。今後は，簡便な指標を複数検討しながら，縦断研究やコホート研究，質的な研究の手法を交えて，現在の研究上の問題点を是正し，出来るだけ信憑性が高い正確なエヴィデンスにもとづいた，身体活動や運動行動を捉えることの出来る測定方法の考案に携われればと考える。

引 用 文 献

相川充・藤田正美（2005）．成人用ソーシャルスキル自己評定尺度の構成．東京学芸大学紀要，第1部門，教育科学，**56**，87-93.

Aiken, L. S., & West, S. G.（1991）. Multiple regression：Testing and interpreting interactions, Newbury Park CA, Sage.

Ajzen, I.（1985）. From intentions to actions：A theory of planned behavior. In J. Kuhl & J. Beckmann（Eds.）Action control：From cognition to behavior. Heidelberg, Springer. pp. 11-39.

Ajzen, I., & T. J. Madden.（1986）. Prediction of goal-directed behavior：attitudes, intentions and perceived behavior control. Journal of Experimental Social Psychology, **22**, 453-474.

荒井弘和・竹中晃二・岡浩一朗（2001）．一過性の有酸素運動が感情に与える影響―運動条件および読書条件における経時変化の比較．スポーツ心理学研究，**28**(2)，9-17.

荒井弘和・竹中晃二・岡浩一朗（2002）．一過性のストレングス・エクササイズが感情に与える影響―サイクリングに伴う経時変化との比較．スポーツ心理学研究，**29**(1)，21-29.

荒井弘和・中村菜々子・竹中晃二（2006）．一過性運動研究における代表的な感情測定尺度―STAIとPOMSの特徴と限界―．ストレス科学，**21**(3)，172-178.

荒井弘和（2010a）．大学体育授業に伴う一過性の感情が長期的な感情および運動セルフ・エフィカシーにもたらす効果．体育学研究，**55**(1)，55-62.

荒井弘和・竹中晃二（2010b）．一過性運動に伴う感情―セルフ・エフィカシーとの関連および感情間の関連性―．体育学研究，**55**(1)，111-123.

荒井弘和・竹中晃二・岡浩一朗（2001）．一過性の有酸素運動が感情に与える影響―運動条件および読書条件における経時変化の比較―．スポーツ心理学研究，**28**(2)，9-17.

荒井弘和・竹中晃二・岡浩一朗（2003）．一過性運動に用いる感情尺度―尺度の開発と運動時における感情の検討．健康心理学研究，**16**(1)，1-10.

Bandura, A.（1977）. Self-efficacy：Toward a unifying theory of behavioral change. Psychological Review, **84**, 191-215.

Bandura, A.（1997a）. Theoretical perspectives. In Bandura, A.（Ed.）Self-efficacy : The exercise of control. New York, NY : WH Freeman and Company, pp. 1-35.

Bandura, A. (1997b). Sources of self-efficacy. In Bandura, A. (Ed.) Self-efficacy : The exercise of control. New York, NY : WH Freeman and Company, pp. 79-115.

Bartlett, M. S. (1950). Tests of significance in factor analysis. The British Journal of Psychology, **3**, 77-85.

Bray, S. R., and Born, H. A. (2004). Transition to university and vigorous physical activity : Implications for health and psychological well-being. Journal of American College Health, **52**, 181-188.

Caspersen, C. J., Pereira, M. A., and Curran, K. M. (2000). Changes in physical activity patterns in the United States, by sex and cross sectional age. Medicine and Science in Sports and Exercise, **32**, 1601-1609.

長ヶ原誠（2003）．中高齢者の身体活動参加の研究動向．体育学研究, 48, 245-268.

中央教育審議会大学分科会（2009）．中長期的な大学教育の在り方に関する第二次報告―第3学生支援・学習環境整備について―．文部科学省中央教育審議会大学分科 http : //www.mext.go.jp/b_menu/shingi/chukyo/chukyo4/siryo/__icsFiles/afieldfile/2009/08/05/1282813_2.pdf（アクセス日：2010年12月3日）.

Cohen, J., & Cohen, P. (1983). Applied multiple regression correlation analysis for the behavioral sciences. 2nd ed. Hillsdale, NJ, Lawrence Erlbaum Associates.

Deci, E. L., & Ryan, R. M. (1985). Intrinsic motivation and self-determination in human behavior. New York, Plenum.

Fishbein, M., & Ajzen, I. (1975). Belief, attitude, intention, and behavior : An introduction to theory and research. Reading, MA : Addison-Wesley.

Fox, K. R. (2000) Self-esteem, self-perceptions and exercise. Int. J. Psychol., Vol. **31**, pp. 28-240.

藤岡勲（2004）．情報階層帰属意識の規定要因．直井優・太郎丸博編　情報化社会に関する全国調査中間報告書．大阪大学大学院人間科学研究科先端情報環境学先進経験社会学社会データ科学研究分野，大阪, Pp. 72-81.

藤田勉（2009）．体育授業における目標志向性，動機づけ，楽しさの関係．鹿児島大学教育部教育実践研究, **19**, 51-60.

橋場直彦（2002）．女子短期大学生の体力と身体活動量について．聖徳栄養短期大学

紀要, **33,** 18-21.

花輪啓一（1995）. 24時間心拍数と生活行動からみた大学生の身体活動量. 小樽商科大学人文研究, **90,** 153-173.

橋本公雄（1990）. ストレス解消としての運動・スポーツ. 教育と医学, **38**(11), 1042-1047.

橋本公雄（1992）. 一過性の運動による感情の変化. ストレス科学, **7**(2), 76,

橋本公雄（2002）. 運動行動におけるリーズンド・アクション理論とプランド・ビヘイビア理論の適用. 財団法人日本体育協会平成13年度日本体育協会スポーツ医・科学研究報告書, 71-76.

橋本公雄（2004）. 運動行動への Planned Behavior 理論の適用—現在と将来の行動に対する予測力—. 日本体育学会第54回大会抄録集, 24-26.

橋本公雄（2005）. Kasari の身体活動指標修正版の信頼性と妥当性. 九州スポーツ心理学研究, **17,** 28-29.

橋本公雄（2006）. 運動行動の促進を意図した「健康・スポーツ科学講義」の効果—行動変容技法の導入. 大学体育学, **3**(1), 25-35.

橋本公雄・堀田亮・山﨑将幸・甲木秀典・行實鉄平（2009）. 運動・スポーツ活動におけるメンタルヘルス効果の仮説モデル—心理・社会的要因を媒介変数として—. 健康科学, **31,** 69-78.

橋本公雄・齊藤篤司・徳永幹雄・磯貝浩久・高柳茂美（1991）. 運動によるストレス低減効果に関する研究（2）— 一過性の快適自己ペース走による感情の変化—. 健康科学, **13,** 1-7.

橋本公雄・斉藤篤司・徳永幹雄（1998）. 快適自己ペース走によるポジティブな感情の変化量を規定する生理心理学的要因. 健康科学, **20,** 31-38.

橋本公雄・高柳茂美・徳永幹雄・斉藤篤司・磯貝浩久（1992）. 一過性の運動による感情の変化と体力との関係. 健康科学, **14,** 1-7.

橋本公雄・徳永幹雄・高柳茂美（1994）. 精神的健康パターンの分類の試みとその特性. 健康科学, **16,** 49-56.

橋本公雄・徳永幹雄（1999）. メンタルヘルスパターン診断検査の作成に関する研究（1）—MHP尺度の信頼性と妥当性—. 健康科学, **21,** 53-62.

橋本公雄・徳永幹雄・高柳茂美・斎藤篤司・磯貝浩久（1993）. 快適自己ペース走による感情の変化に影響する要因—ジョギングの好き嫌いについて—. スポーツ心理学研究, **20,**（1）, 5-12.

橋本公雄・徳永幹雄・多々納秀雄・金崎良三・菊幸一・高柳茂美（1991）. 運動によ

るストレス低減効果に関する研究（1）—SCL 尺度作成の試みと運動実施者のストレス度の変化—. 健康科学, **12,** 47-61.

橋本剛（2000）. 大学生における対人ストレスイベントと社会的スキル・対人方略の関連. 教育心理学研究, **48**(1), 94-102.

Hausenblas, H. A., Carron, A. V., & Mack, D. E.（1997）. Application of the theories of reasoned action and planned behavior to exercise behavior: A meta-analysis. Journal of Sport and Exercise Psychology, **19,** 36-51.

樋口博之・綾部誠也・進藤宗洋・吉武 裕・田中宏暁（2003）. 加速度センサーを内蔵した歩数計による若年者と高齢者の日常身体活動. 体力科学, **52,** 111-118.

平野優子（2005）. 大学低学年生におけるデイリー・ハッスルと入学前後のストレスフルで重大な出来事との関連. 学校保健研究, **47**(3), 201-208.

一宮厚・馬場園明・福盛英明・峰松修（2003）. 大学新入生の精神状態の変化—最近14 年間の質問票による調査の結果から—. 精神医学, **45**(3), 959-966.

飯塚太郎（2005）. 高齢者の認知的機能低下と身体活動. 体育の科学, **55**(3), 245-248.

Ingledew, D. K. I., Markland, D., & Medley, A.（1998）. Exercise motives and Stages of Change. Journal of Health Psychology, **3,** 477-489.

In'nami, Y.（2006）. The effects of test anxiety on listening test performance. System, **34,** 317-340.

猪俣公宏（2001）. 高齢者の身体活動とその心理的効果. 保健の科学, **43**(6), 428-431.

石井源信・賀川昌明・米川直樹（1987）. スポーツのゲームにおける行動規範の研究—行動規範を規定する個人的要因の検討—. スポーツ心理学研究, **13,** 17-23.

石倉忠夫（2001）. 大学 1 年生体育実技ゴルフ受講者の社会的スキルと孤独感. 同志社保健体育, **40,** 129-137.

Jackson, S. A., & Marsh, H. W.（1996）. Development and validation of a scale to measure optimal experience: the flow scale. Journal of Sport and Exercise Psychology, **18,** 17-35.

Kaiser, H. F., & Rice, J.（1974）. Little Jiffy, Mark IV. Educational and Psychological Measurement, **34,** 111-117.

上岡洋晴・岡田真平・武藤芳照（2001）. 転倒に恐怖心を抱く高齢者の身体活動量とADL 評価値との関連について—日常生活の活動制限の実態と ADL に及ぼす影響—. デサントスポーツ科学, **22,** 204-213.

Kasari, D.（1976）. The effect of exercise and fitness on serum lipids in college women. In：Sharky B. J.（Ed.）Physiology of fitness 3rd, Human Kinetics Books, Champaign, IL, pp. 7-8.

加藤守匡・堤俊彦・坂巻祐史・本山輝幸・坂入洋右・朝田隆・征矢英昭（2006）.　中高齢者における足踏み，腰振り，掌握を合わせた運動の快適性改善によるストレス減少の心理生理的効果について.　ストレスマネジメント研究，**3**(1)，11-16.

加藤司（2006）.　対人ストレス過程における友人関係目標.　教育心理学研究，54(3)，312-321.

川上憲人・原谷隆史・金子哲也・小泉明（1987）企業従業員における健康習慣と抑うつ症状の関連性.　産業医学，**29**，55-63.

健康・栄養情報研究会（2006）.　国民健康・栄養の現状―平成18年厚生労働省国民健康・栄養調査報告―.　東京：第一出版.

健康科学研究会（編）（1999）.　健康科学「第Ⅱ章健康生活の実践」. pp. 9-11.　道和書院.

菊池章夫（1988）.　思いやりを科学する―向社会的行動の心理とスキル―.　川島書店，p. 212.

木内敦詞・荒井弘和・中村友浩・浦井良太郎（2005）.　体育の宿題が大学生の日常身体活動量と健康関連体力に及ぼす効果.　スポーツ教育学研究，**25**，1-9.

木内敦詞・荒井弘和・浦井良太郎・中村友浩（2006）.　身体活動ピラミッドの概念と行動変容技法による大学生の身体活動増強.　大学体育学，**3**(1)，3-14.

木内敦詞・荒井弘和・浦井良太郎・中村友浩（2008）.　行動科学に基づく体育プログラムが大学新入生の健康度・生活習慣に及ぼす効果―Project FYPE―.　体育学研究，**53**(2)，329-341.

木内敦詞・荒井弘和・浦井良太郎・中村友浩（2009）.　行動科学に基づく体育プログラムが大学新入生の身体活動関連変数に及ぼす効果―Project FYPE―.　体育学研究，**54**(1)，145-159.

北島順子（1995）.　本学学生のストレスの現状とストレス・マネジメントとしての体育実技の役割と可能性.　大手前女子短期大学大手前栄養文化学院大手前ビジネス学院研究集録，**15**，107-122.

北島美喜・橋本公雄（2003）.　中学生における運動行動へのTRA理論とTPB理論の適用.　九州スポーツ心理学研究，**15**，18-19.

児玉隆治（1998）.　大会長講演「学校のメンタルヘルスを考える」（日本学校メンタルヘルス学会第1回大会概要），学校メンタルヘルス，**1**，23-26.

児玉隆治（2005）．不登校・引きこもりからの旅立ち支援―長信田の森の活動から―．第 27 回全国大学メンタルヘルス研究会報告書，21-16.

國分久子（2006）．構造的グループ・エンカウンターの源流：エスリン研究所，國分康孝・國分久子・片野智治（編著），構成的グループ・エンカウンターと教育分析．東京：誠信書房.

國分康孝・片野智治（2001）．構成的グループ・エンカウンターの原理と進め方―リーダーのためのガイド―．東京：誠信書房.

厚生労働省社会保障審議会医療保険部会（2005）．医療保険制度体系及び診療報酬体系に関する基本方針．http：//www.mhlw.go.jp/shingi/2005/07/s0729-9c.html（アクセス日：2010 年 6 月 20 日）.

厚生労働省（2006）．「運動施策の推進」．厚生労働省ホームページ http：//www.mhlw.go.jp/bunya/kenkou/undou.html（アクセス日：2011 年 10 月 11 日）.

Kraft, P., Rise, J., Sutton, S., & Røysamb, E.（2005）. Perceived difficulty in the theory of planned behavior：Perceived behavioral control or affective attitude?. British Journal of Social Psychology, **44**, 479-496.

Kubitz, K. A., & Salazar, W.（1991）A meta-analysis on the anxiety-reducing effects of acute and cronic exercise：Outcomes and mechanisms. Sports Medicine, **11**, 143-182.

久保田晃生・藤田信・渡辺訓子・鈴鹿和子・赤堀摩弥・太田壽城（2004）．高齢者の身体活動状況と QOL との関連について―静岡県在住高齢者の身体・心理・社会的縦断調査結果―．保健の科学，**46**(9). 701-708.

熊谷秋三・長野真弓・畑山知子（2003）．身体活動と心理的健康・メンタルヘルスとの関連性に関する疫学．健康科学，**25**, 11-20.

Kunnan, A. J.（Ed.）.（1998）. Validation in language assessment. Mahwah, NJ, Lawrence Erlbaum Associates.

Maddux, J. E., & Lewis, J.（1995）. Self-efficacy and adjustment：basic principles and issues. In：Maddux, J. M.（Ed.）Self-efficacy, adaptation and adjustment：Theory, research, and application. New York, Plenum Press, Pp. 37-68.

前田清・太田壽城・芳賀博・石川和子・長田久雄（2002）．高齢者の QOL に対する身体活動習慣の影響．日本公衆衛生雑誌，**49**(6)，497-506.

Marcus, B. H., Rakowski, W., & Rossi, J. S.（1992）. Assessing motivational readiness and decision making for exercise. Health Psychology, **11**,（4），257-61.

Marcus, B. H., Selby, V. C., Niaura, R. S., and Rossi, J. S. (1992). Self-efficacy and the stages of exercise behavior change. Research Quarterly for Exercise and Sport, **63**, 60-66.

Marcus, B. H., & Simkin, L. R., (1993). The stages of exercise behavior. Journal of Sports Medicine and Physical Fitness, **33**, 83-88.

Markland, D., & Hardy, L. (1997). On the factorial and construct validity of the Intrinsic Motivation Inventory：Conceptual and operational concerns. Research Quarterly for Exercise and Sport, **68**, 20-32.

Martin, J. J., & Kulinna, P. H. (2004). Self-efficacy theory and the theory of planned behavior：Teaching physically active physical education classes. Research Quarterly for Exercise and Sport, **75**, 288-297.

McAuley, E., Wraith, S., & Duncan, T. (1991). Self-efficacy, perceptions of success, and intrinsic motivation for exercise. Journal of Applied Social Psychology, **21**, 139-155.

蓑内豊 (2009). 運動に対する主観的評価と感情の関係. 大学体育学, 6, 13-22.

文部省青少年教育課 (1996). 青少年の野外教育の充実について. 青少年の野外教育の振興に関する調査研究協力者会議・報告. <http：//www.mext.go.jp/b_menu/shingi/chousa/sports/003/toushin/960701.htm> (アクセス日：2011 年 8 月 31 日)

文部科学省 (2006). 学生相談の体制や相談件数について. 文部科学省, 2006 年 3 月 <http：//www.mext.go.jp/b_menu/shingi/chukyo/chukyo4/gijiroku/015/06060810/002.htm> (2010 年 12 月 3 日).

文部科学省 (2006). 大学における学生支援の取組み状況について. <http：//www.mext.go.jp/b_menu/shingi/chukyo/chukyo4/015/gijiroku/06060810/002.htm> (アクセス日：2011 年 8 月 31 日).

文部科学省 (2010). 学校基本調査―平成 22 年度 (速報) 結果の概要―. <http：//www.mext.go.jp/b_menu/toukei/chousa01/kihon/kekka/k_detail/icsFiles/afieldfile/2010/08/05/1296403_3.pdf> (アクセス日：2010 年 12 月 3 日)

文部科学省 (2009). 平成 20 年度学校基本調査速報統計表一覧. (高等教育機関) <http：//www.mext.go.jp/b_menu/toukei/001/08072901/005/hi0013.xls> (アクセス日：2011 年 12 月 10 日).

文部科学省中央教育審議会 (2008). コミュニケーション能力に関する指摘・調査等 文部科学省中央教育審議会コミュニケーション教育推進会議. <http：//www.

134

mext.go.jp/b_menu/shingi/chousa/shotou/075/shiryo/__icsFiles/afield-file/2010/06/22/1294462_03.pdf>（アクセス日：2010 年 12 月 3 日）.

Myers, R. S., & Roth, D. L.（1997）. Perceived benefits of and barriers to exercise and stage of exercise adoption in young adults. Health Psychology, **16**, 277-283.

Nabetani, T., & Tokunaga, M.（2001）. The effect of short-term（10- and 15-min）running at self-selected intensity on mood alteration. Journal of Physiological Anthropology and Applied Human Science, **20**,（4）, 233-239.

内閣府政策統括官総合企画調整担当（2001）. 日本の青少年の生活と意識（第 2 回調査）―青少年の生活と意識に関する基本調査報告書―. 財務省印刷局, 東京.

中園尚武・野島一彦（2003）. 現代大学生における友人関係への態度に関する研究―友人関係に対する「無関心」に注目して―. 九州大学心理学研究, **4**, 325-334.

並河裕（1996）. ライフスタイル要因からみた運動経験者に関する研究―過去の運動経験とライフスタイル要因との比較―. 琉球大学教育学部紀要, **48**, 303-313.

Nishida, Y., Suzuki, H., Wang, D. H., & Kira, S.（2003）. Psychological determinants of physical activity in Japanese female employees. Journal of Occupational Health, **45**, 15-22.

Nishida, Y., Suzuki, H., Wang, D. H., Wang., & Kira, S.（2004）. Psychological Correlates of Physical Activity and Exercise in Japanese Male. International Journal of Sport and Health Science, **2**, 136-144.

North, T. C., McCullagh, P., & Tram, V. T.（1990）Effect of exercise on depression. Exercise and Sport Science Reviews, Vol. 18, pp. 379-415.

O'Connor PJ., Carda R. D., & Graf B. L.（1991）. Anxiety and intense running exercise in the presenze and absence of interpersonal competition. International journal of sport medicine, **12**(4), 423-426.

小田利勝（2000）. 高齢者の老年規範意識の構造. 神戸大学発達科学部研究紀要, **8**, 255-270.

小田切優子（2009）. 身体活動とメンタルヘルス―身体活動・運動と生活習慣病, 運動生理学と最新の予防・治療, 身体活動の基礎―. 日本臨床, **67**, 123-128.

小田切優子（2010）. 運動・身体活動と公衆衛生（21）―運動・身体活動とストレス・メンタルヘルス―. 日本公衆衛生雑誌, **57**(1), 50-54.

岡浩一朗（2003）. 中年者における運動行動の変容段階と運動セルフ・エフィカシーの関係. 公衆衛生雑誌, **50**, 208-215.

岡浩一朗・東郷史治・青柳幸利（2005）．高齢者における客観的に測定された身体活動指標の規定要因を解明するための前向き研究．デサントスポーツ科学，**25**，72-81.

岡安孝弘・片柳弘司・嶋田洋徳・久保義郎・坂野雄二（1993）．心理社会的ストレス研究におけるストレス反応の測定．早稲田大学人間科学研究，**6**，125-134.

折茂肇（1994）．骨粗鬆症の予防と治療の基本戦略．Medical Practice，1886-1994.

Pelletier, L. G., Fortier, M. S., Vallerand, R. J., Tuson, K. M., & Brière, N. M. (1995). Toward a new measure of intrinsic motivation, extrinsic motivation, and amotivation in sports : The sport motivation scale (sms). Journal of Sport and Exercise Psychology, **17**, 35-53.

Petruzzello, S. J., Landers, D. M., Hatfield, B. D., Kubitz, K. A., & Salazar, W. (1991) A meta-analysis on the anxiety-reducing effects of acute and chronic exercise : Outcomes and mechanisms. Sports Medicine, Vol. 11, pp. 143-182.

Petruzzello, S. J., Landers, D. M., Hatfield, B. D., Rejeski, W. J., Brawley, L. R., & Shumaker, S. (1996) Physical activity and health-related quality of life. Exercise Sport Science Review, **24**, 71-108.

Prochaska, J. O., & B. H. Marcus (1995). The transtheoretical model : Applications to exercise. Exercise Adherence II. IL, Human Kinetics Press.

Raglin, J. S., & Wilson, M. (1996). State anxiety followwing 20 minutes of Bicycle ergometer exercixe at selected intensities. International journal of sport medicine, **17**(6), 467-471.

Rejeski, W. J., Brawley, L. R., & Shumaker, S. (1996) Physical activity and health-related quality of life. Exercise Sport Science Review, Vol. 24, pp. 71-108.

Resnick, B., and Jenkins, L. (2000). Testing the Reliability and Validity of the Self-Efficacy for Exercise Scale. Nursing Research, **49**, 154-159.

Resnick, B., Luisi, D. Vogel, A. & Junaleepa, P. (2004). Reliability and validity of the self-efficacy for exercise and outcome expectations for exercise scales with minority older adults. Journal of Nursing Research, **12**, 235-247.

Sallis, J. F., Calfas, K. J., Nichols, J. F., Sarkin, J. A., Johonson, M. F., Caparosa, S., Thomson, S., and Alcaraz, J. E. (1999a). Evaluation of a university course to promote physical activity : project GRAD. Research Quarterly for

Exercise and Sport, **70**, 1-10.

Sallis, J. F., Calfas, K. J., Alcaraz, J. E., Gehrman, C., and Johnson, M. F. (1999b) Potential mediators of change in a physical activity promotion course for university students : Project GRAD. Annals of Behavioral Medicine, **21**, 149-158.

Sallis, J. F., Pinski, R. B., Grossman, R. M., Patterson, T. L., and Nader, P. R. (1988). The development of self-efficacy scales for health-related diet and exercise behaviors. Health Education Research, **3**, 283-292.

佐々木万丈（2008）．体育授業におけるストレスマネジメント（特集 スポーツとストレスマネジメント）．体育の科学，**58**(6)，400-406.

佐々木万丈（1999）．体育学習における能力的不適応経験時のコーピングと心理的ストレス反応の関係：中学生の場合．体育学研究，**44**(5)，445-456.

澤田亨（2002）．生活習慣対策 UPDATE—最近の運動疫学研究—.（特集）生活習慣病の予防と治療，臨床スポーツ医学臨時増刊号 19，8-12.

Schwarzer, R. (1992). Self-efficacy. In Schwarzer, R. (Ed.) Thought Control of action. Washington D. C., Hamisphere, Pp. 217-243.

Scully, D., Kremer, J., Meade, M. M., Graham, R., & Dudgeon, K. (1998) Physical exercise and psychological well-being : a critical review, British Journal of Sport Medicine, Vol. 32, 111-120.

渋倉崇行・小泉昌幸（2003）．スポーツ活動を素材とした人間関係トレーニングの実施とその効果．新潟工科大学研究紀要，**8**，117-124.

清水安夫（2003）．スポーツにおける自己開示と表現．体育の科学，**53**(12)，925-929，東京：杏林書院.

清水安夫・児玉隆治（2001）．エンカウンター・グループを応用した授業形態による大学生のメンタルヘルス促進の効果．学校メンタルヘルス，**4**，65-71.

清水安夫・上野雄己・雨宮怜・湯浅彩香・森彩乃・加藤以澄・沢口翠（2012）．大学体育のストレスマネジメント効果に関する研究—体育授業の効用認知尺度及びストレス反応尺度の開発による検討—．体育研究，**45**，9-15.

下光輝一（1994）．生活行動と健康—運動の行動医学的アプローチ—．公衆衛生，**58**，252-257.

下光輝一・小田切優子・涌井佐和子（1999）．運動習慣に関する心理行動医学的研究．デサントスポーツ科学，**20**，3-19.

四杉昭康・加藤哲文（2003）．構成的グループ・エンカウンターが学級集団に及ぼす学校不適応の予防的効果．上越教育大学心理教育研究，**2**，53-63.

Sonstroem, R. J.（1984）Exercise and self-esteem. Exercise Sport Science Review, Vol. 12, pp. 123-155.

Sugiyama, Y.（2001）The effect of basic social skills and psychological competitive ability on competitive social skills, 10th World Congress of Sport Psychology：Program and Proceedings, Vol. 3, pp. 81-82.

杉山佳生（2004）．競技社会的スキル及びスポーツにおける個人・社会志向性と日常場面での向社会的行動との関係．健康科学，**26**，41-48.

杉山佳生（2008）．スポーツ実践授業におけるコミュニケーションスキル向上の可能性．大学体育学，**5**，3-11.

鈴井正敏（1994）．男子大学生の一日の身体活動量．明治大学教養論集，**267**，97-110.

鈴木直樹・齋地満（2007）．体育の学習と指導を一体化する「ポートフォリオ評価」の活用に関する一考察．埼玉大学紀要，教育学部，教育科学，**56**，(2)，1-13.

竹中晃二（1999）．運動がメンタル・ヘルスに与える影響（特集 知っておきたい運動の知識）．保健の科学，**41**(12)，899-904.

竹中晃二（2000）．身体活動の心理学的効果とアドヒレンス強化のための技法．日本臨床：身体活動と生活習慣病，**58**，439-450.

竹中晃二（編著）（2005）．身体活動の増強及び運動継続のための行動変容マニュアル．Book House HP.

竹中晃二（2002）．行動変化をもたらすもの―権威・命令で人は動かない―．Sportsmedicine, **41**，6-16.

竹中晃二（2003）．竹宮隆・下光輝一（編）運動とストレス科学 12 章運動と心のストレス：運動が果たすストレス対処効果．pp. 171-183．東京：杏林書院．

竹中晃二・福井孝明（1994）．ストレス・プロフィール手続きを用いた A 型行動パターンの評価：タイプ A およびタイプ B の比較研究．日本体育学会大会号(45)，193.

竹中晃二・岡浩一朗・上地広昭・荒井弘和（2001）．健常タイプ A 者の心臓血管系ストレス反応に及ぼす運動習慣の効果：横断的検討．体育学研究，**46**，553-567.

竹中晃二・大場ゆかり・葦原摩耶子（2005）．行動変容―現場でどう実施するか―．Sportsmedicine, **68**，5-23.

竹中晃二・上地広昭・荒井弘和（2002）．一過性運動の心理学的反応に及ぼす特性不安および運動習慣の効果．体育学研究，**47**(6)，579-592.

田中秀幸・窪田辰政・山本章・伊藤宏（2010）．大学生のスポーツに対する意識の研

138

究：男子学生と女子学生の比較．静岡大学教育学部研究報告，教科教育学篇，**41**，219-227．

多田羅浩三（2001）．健康日本 21 の展望．厚生科学特別研究事業：健康日本 21 推進の方策に関する研究．健康日本 21 推進ガイドライン．ぎょうせい，東京，2-17．

谷本満江（2007）．私たちの日常生活に関する研究（4）―本学の体育講義の授業を受講する前と後の学生の変化について検討―．Research on Our Lifestyle,（4）．中国学園紀要，**6**，23-28．

Terry, P. C., Lane, A. M., Lane, H. J., and Keohane, L.（1999）. Development and validation of a mood measure for adolescents：POMS-A. Journal of Sports Sciences, **17**, 861-872.

徳永幹雄・橋本公雄（1980）．体育授業の「運動の楽しさ」に関する因子分析的研究．健康科学，**2**，75-90．

徳永幹雄・岩崎健一・山崎先也（2004）．学生の運動及び修学状況と健康度・生活習慣に関する研究．第一福祉大学紀要，**1**，59-73．

豊田秀樹（2003）．共分散構造分析．東京：朝倉書店．

豊田秀樹・前田忠彦・柳井晴夫（1992）．原因を探る統計学―共分散構造分析入門―．東京：講談社．

豊田秀樹・真柳麻誉美（2001）．繰り返し測定を伴う実験のための因子分析モデル．行動計量学，**28**，1-7．

上地広昭・中村菜々子・竹中晃二・鈴木英樹（2002）．子どもにおける身体活動の決定要因に関する研究．健康心理学研究，**15**，29-38．

上地広昭・竹中晃二・鈴木英樹（2003）．子どもにおける身体活動の行動変容段階と意思決定バランスの関係．教育心理学研究，**51**，288-297．

上野耕平・中込四郎（1998）．運動部活動への参加によるライフスキル獲得に関する研究．体育学研究，**43**(1)，33-42．

梅澤秋久（2004）．体育学習におけるポートフォリオ評価での保護者への説明応答に関する研究．日本体育学会大会号，**55**，608．

梅澤秋久・木村昌彦（2001）．小学校体育科におけるポートフォリオ評価の有効性に関する研究．日本体育学会大会号，**52**，588．

谷口幸一・森司朗・園田順一・三浦康司・関戸達哉（1990）．運動が高齢者のメンタルヘルスに及ぼす影響―運動効果感，自覚的健康観と身体的活動指標の関連―．スポーツ心理学研究，**16**(1)，81-84．

山田ゆかり・天野寛（2002）．自画像による大学生の適応性の検討．名古屋文理大学

紀要，**2,** 3-12.

山津幸司・堀内雅弘（2010）．週1回の大学体育が日常の身体活動量およびメンタルヘルスに及ぼす影響．大学体育学，**7,**（1），57-67.

山中寛（2008）．スポーツとストレスマネジメント教育（特集 スポーツとストレスマネジメント）．体育の科学，**58**(6)，372-376.

安永明智・青柳幸利（2006）．高齢者の健康関連QOLに及ぼす日常身体活動の影響に関する前向き研究：中之条研究．第21回健康医科学研究助成論文集，114-119.

渡壁史子・橋本公雄・徳永幹雄（2000）．メンタルヘルスパターンと健康行動との関係（1）―特に身体活動関連変数を中心として―．健康科学，**22,** 159-166.

渡辺厚（2004）．メンタルヘルス研究協議会開催報告．福島大学保健管理センター，ほけかんニューズレター，**8,** 7-10.

渡辺英児・竹島伸生・長ヶ原誠・山田忠樹・猪俣公宏（2001）．高齢者を対象とした12週間にわたる水中運動による心理的・身体的効果：量的・質的アプローチを用いた多面的分析．体育学研究，**46,** 353-364.

あ と が き

　本書は，2012 年度に東京工業大学大学院社会理工学研究科に提出した博士（学術）学位論文をもとに構成されたものです。博士論文を無事に完成させるに当たり，本当に多くの方々にご支援をいただいたことは，生涯において忘れられぬ経験となりました。

　思えば，2002 年に東工大大学院への入学の許可をいただいた際，主査をお引き受け下さった石井源信先生には，2 年半の短期プログラムで修了するようにとのご指示をいただいていたにも関わらず，その後，10 年間もの長い間，ご指導いただくこととなりました。在学中，国内外での学会発表に同行させていただいたことは，とても楽しくも貴重な思い出となりました。在職しながらの研究活動は本当に苦しく，職務上の問題を多々抱えていた折には，その都度，公私にわたり親身に励ましていただき，どうにか乗り切ることが出来たと思います。研究指導をしている学生の研究を先回しにし，自分自身の研究の進捗が疎かになる中，辛抱強く見守っていただきましたこと，心から感謝いたしております。

　また，博士論文の審査員となっていただきました東工大大学院の前川眞一先生，中山実先生，松田稔樹先生，須田和裕先生には，研究発表会を通して，毎度，鋭くも的確なご教授をいただき，大変勉強になりました。今後の研究生活にも弾みがつく瞬間となり，本当に貴重な時間を過ごさせていただきました。さらに，石井研究室の小谷泰則先生には，博士課程入学時以来，いつも傍らで支えていただきました。小谷先生の研究に向かう真摯な姿勢には，いつも励まされ，私にとっての研究者の理想的なモデルとなりました。いつも土壇場で苦しんでいるところを卓越したアイディアでサポートしていただき，本当に助けていただきました。また，大学院でともに研究をさせて

いただきました，兵庫教育大学の島本好平先生，首都大学東京の福原和伸先生，上武大学の井田博史先生には，いつも力添えをいただきましたこと，本当に嬉しく思っております。今後とも末永く研究の道を一緒に歩んで行ければと思います。

　このようにして，多くの先生方に支えられながら，ようやくここまで辿り着くことができました。本書は，論文を執筆すること以上に，多くの事柄を学ばせていただきました。他者への気遣い，人間の優しさ，助けていただいた恩義等，苦しい時ほど，身に染みることが多かったと思います。

　ご支援いただきました多くの人々に，こころから御礼申し上げます。

　なお，本書は，独立行政法人日本学術振興会平成27年度科学研究費助成事業（科学研究費補助金）（研究成果公開促進費　課題番号15HP5202）の交付をいただき刊行するに至りました。また，本書を編集する上で，多大なるご支援をいただきました，風間書房の風間敬子様，斉藤宗親様にも厚く御礼申し上げます。

2015年12月

清水安夫

<略歴>

清水　安夫（しみず　やすお）

青山学院大学文学部教育学科 卒業 学士（教育学）

東海大学大学院体育学研究科体育学専攻修士課程 修了 修士（体育学）

東京学芸大学大学院教育学研究科総合教育開発専攻教育カウンセリングコース修士課程 修了 修士（教育学）

東京工業大学大学院社会理工学研究科人間行動システム専攻博士課程 修了 博士（学術）

桜美林大学国際学部，同大学文学部健康心理学科，同大学健康福祉学群専任講師，准教授

California State University, Sacramento, Department of Kinesiology and Health Science, International Scholar

University of Leiden, School of Social and Behavioral Science, Visiting Associate Professor

現在，国際基督教大学教養学部　准教授

専門は，スポーツ心理学，健康心理学，学校メンタルヘルス

青年期の運動行動を規定する要因とメンタルヘルスとの関係

2016 年 2 月 25 日　初版第 1 刷発行

著　者　　清　水　安　夫

発行者　　風　間　敬　子

発行所　　株式会社　風　間　書　房

〒 101-0051　東京都千代田区神田神保町 1-34
電話 03（3291）5729　FAX 03（3291）5757
振替 00110-5-1853

印刷　藤原印刷　　製本　高地製本所